电商运营营销一本通

赵 钢 著

中国商业出版社

图书在版编目（CIP）数据

电商运营营销一本通 / 赵钢著. — 北京：中国商业出版社，2018.2

ISBN 978-7-5208-0156-0

Ⅰ.①电… Ⅱ.①赵… Ⅲ.①电子商务－商业经营 Ⅳ.① F713.365.2

中国版本图书馆 CIP 数据核字 (2017) 第 327131 号

责任编辑：唐伟荣

中国商业出版社出版发行
010-63180647　www.c-cbook.com
(100053　北京广安门内报国寺1号)
新华书店经销
北京晨旭印刷厂印刷

*

710×1000 毫米　1/16　16.5 印张　220 千字
2018 年 3 月第 1 版　2018 年 3 月第 1 次印刷
定价：48.00 元

* * *

（如有印装质量问题可更换）

前言 PREFACE

我相信，当你翻开这本书的时候，一定是因为你有以下的疑惑或者问题：

选择哪个电商平台？纠结！

如何定位终端消费者和微观市场？不懂！

爆款如何打造？不会！

那么多营销方式，一个都不了解！怎么办？

是不是网红营销和直播营销很火？想学习！

若你是一个新手，那么我想你的问题可能远不止上述这五个，因为在这五个问题中，还会派生出很多细节性的问题。选择了电商这个领域，从平台开始，再到运营，到底该如何操作，这几乎是每一个电商从业者需要面对和解决的问题。

我想，针对这些问题，本书将会给你最好而又全面的解答。

在电商行业，人人熟知的是阿里巴巴集团核心创始人马云，京东商城创始人、董事局主席兼首席执行官刘强东，因为他们是电商行业的佼佼者，堪称领袖。

当下越来越多的中小型电商迅速崛起，想要占据电商行业中属于自己的一席之地，任重而道远。这些中小型电商企业或者是个人，该如何选择电商平台，如何进行品牌的打造，如何进行战略营销管理，如何进行供应链的维护，是现实中他们面临的主要问题。

本书针对这些疑惑和问题，充分地进行了分析和讲解，主要涵盖以下内容：

（1）以运营思路为主线，结合当前市场上常用的爆款思路，全面阐述店铺规划、直通车、钻石展位等推广使用技巧。

（2）以选择电商平台为基础，综合分析市场上各种电商平台的运营模式，剖析不同电商平台的进驻要求，有益于优化中小电商企业或个人的选择。

（3）内容全面，涵盖了淘宝运营的多个环节，从搜索规则开始切入，到店铺规划促销活动策划，再到之后的营销方式的选择和使用，便于理解阅读。

（4）操作性强，有大量的营销案例，每讲到一种营销方法，都有具体的操作步骤。

虽然说涉足电商不是改变生活与命运的单一选择，但是成功运营营销电商是一个能够改变无数人生活与命运的梦想，所以，在实现梦想的征途中，要脚踏实地地学习相关知识。

让我们一起出发吧！

目录 CONTENTS

运 营 篇

第1章 电商平台:"互联网+"热潮下,中小卖家如何选择
1.1 选择电商平台的五个注意事项 …………………… 004
1.2 了解电商渠道,斟酌电商诉求 …………………… 011
1.3 十大电商平台的特点 …………………………… 015

第2章 定位:终端消费者和微观市场
2.1 去伪存真,找到终端消费者 …………………… 022
2.2 中小卖家选择市场的步骤与策略 ……………… 033
2.3 产品差异化 ……………………………………… 043
2.4 "好名字"要符合终端消费者的大众口味 …… 051
2.5 三种产品定价,赢得消费者的青睐 …………… 057

第3章 店铺规划:让转化率飙升
3.1 店铺产品规划,利用四大款式吸引顾客 ……… 068
3.2 店铺页面规划,第一眼很重要 ………………… 071
3.3 店铺促销规划,打造稀缺紧迫感 ……………… 089

第4章 打造爆款：极致单品策略

4.1 爆款的力量 ·· 098

4.2 成功打造爆款的模式 ······································ 102

4.3 爆款打造的具体步骤 ······································ 108

4.4 爆款经典案例 ·· 113

第5章 客服管理：提升服务体验才能基业长青

5.1 打造优秀的电商客服队伍 ································ 120

5.2 让优质的售前服务有效带动店铺销售 ················· 134

5.3 做好售后服务，升级客户服务体验 ····················· 143

营 销 篇

第6章 电商营销管理：让管理促进营销

6.1 基于电商模式下的营销管理 ····························· 152

6.2 电商时代应该采取的营销策略 ·························· 161

6.3 从营销策略中解读电商营销管理思想 ················· 168

第7章 粉丝营销：观众和粉丝的尖叫是营销的沸点

7.1 电商的粉丝经济时代 ······································ 178

7.2 网店开展粉丝营销的一般策略 ·························· 183

7.3 近距离感受电商女王的粉丝营销 ······················· 195

第8章 网红营销：以网红的方式服务电商变现

8.1 网络的发展，网红的诞生 ································ 200

8.2 不同发展时期的网红，代表了不同的需求 ··········· 203

8.3 互联网平台下，成为网红的4种途径 ·················· 207

8.4 巨大经济价值下的网红变现模式 ······················· 212

8.5 商业价值驱动下网红电商的优势 ……………………………… 216

8.6 把粉丝引导到电商平台上 ……………………………………… 218

8.7 电商 + 网红，开启电商营销新模式 …………………………… 219

第9章 直播营销：电商开启商城直播时代，边播边卖

9.1 直播电商营销模式的创新点 …………………………………… 226

9.2 直播电商营销模式创新必备条件 ……………………………… 226

9.3 "直播 + 电商"的主要商业营销模式 ………………………… 229

第10章 内容营销：准确无误地站在风口，御风而行

10.1 一种更关注内容质量的营销方式 …………………………… 236

10.2 开展内容营销的三大要点 …………………………………… 241

10.3 内容电商时代的领跑者 ……………………………………… 249

运营篇

第1章 电商平台:"互联网+"热潮下,中小卖家如何选择

21世纪,"互联网+"是当今时代的新名词,移动互联网是整个网络使用的主要方式。随着"互联网+"时代的到来,各行各业都深知经营模式的升级转型是唯一出路,只有和互联网相结合才能在时代发展的趋势中与时俱进,立于不败之地。

在此大环境下,各种电商平台崛起,数量成千上万。在如此众多的电商平台中,中小商家该如何去选择一家适合自身的电商平台就变得尤为重要,它将决定商家的消费者市场定位,以及互联网背景下的发展能否成功。

1.1 选择电商平台的五个注意事项

对于大部分人而言，说起做电商开店，首先想到的平台应该是淘宝和天猫。但是随着近年来连续爆料出大批卖家不堪重负退出天猫、淘宝，以及京东、微店势力的陆续崛起，作为中小卖家选择在哪个电商平台开店，便成了迫在眉睫的问题。面对众多平台，卖家在选择中要注意以下几个方面的问题。

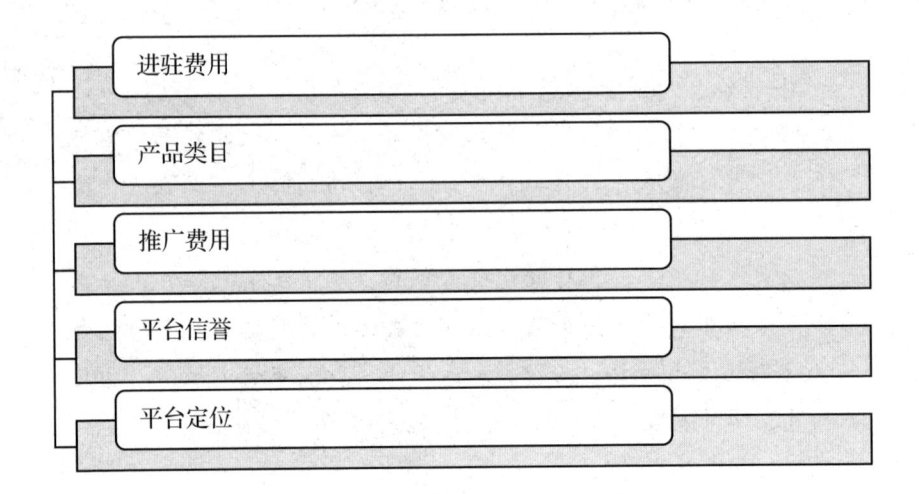

- 进驻费用
- 产品类目
- 推广费用
- 平台信誉
- 平台定位

◎ 1.1.1 进驻费用

许多电商平台都需要收取一定的进驻费用或保证金等，无论是从产品保障还是经营管理方面考虑，这笔费用都是不可避免的。但是根据不同平台的经营方向和名气等级，这个费用跨度从几百元到十几万元不等。

商家必须根据自身情况挑选自己可承受的、适合自身的等级，不能盲目追求过低的收费，也不能一窝蜂地去大平台凑热闹。选择合理的，是最重要的。下面看一下时下几大电商平台的入驻费用及入驻资质情况。

1. 淘宝

淘宝入驻费用保证金一般为1000元，个别类目会有不同。除了入驻费用外，还包括软件费用，基本的折扣、上架、推荐、橱窗软件等一个月10元，旺铺一个月50元，店铺模板一般每个月30元到200元，高级一点的数据分析软件每个月50元到1000元，官方的数据魔方一年3600元，广告、直通车、钻石展位的费用更高。

在资质要求方面，只需要一个身份证和一个支付宝账号就可以开店。

2. 天猫

天猫入驻费，如果商标是R的保证金为50000元，如果商标是TM的保证金为100000元，年费60000元，扣点5%，积分至少0.5%，基本的折扣软件等每个月10元，旺铺免费，店铺模板一般每个月30元到200元，高级一点的数据分析软件每个月50元到1000元，官方的数据魔方一年3600元，广告、直通车、钻石展位的费用会更高。

天猫的资质要求较高，必须注册资本500000元及以上，公司七证齐全，化妆品、食品等类目还要有相应的前置许可证。

3. 阿里巴巴

入驻阿里巴巴只需要购买一年的诚信通，购买费用为3688元。除

此之外，像旺铺、模板以及各种各样的收费软件费用也较多，阿里巴巴也有自己的直通车系统。

4. 京东

京东入驻费用保证金为 10000 元到 100000 元，平台费用每年 6000 元，扣点 12% 以上，不同类目会有所不同。京东的广告展位设有"头等舱"，和名字相呼应，费用较高。

京东资质要求较高，注册资本 500000 元及以上，公司必须七证齐全，化妆品、食品等类目还必须要有相应的前置许可证。

5. 唯品会

由于唯品会是特卖形式，所以没有入驻费用，扣点 30% 以上，卖完结算，退货售后等均由商家负责，回款周期三个月左右。国内外一、二线品牌清理库存专用，只要有库存，谁都可以参加。

唯品会的资质要求是必须具备公司资格，七证齐全，最好能开增值税发票。

唯品会可以说是传统品牌公司最青睐的平台，原本可能一件只有几十元钱的库存商品，加价 200%～500%、交 30% 的扣点就可以通过唯品会被销售出去。现在天猫、淘宝卖家也大多选择在唯品会清理库存，这对中小卖家来说是个不小的诱惑。

除以上五个电商平台以外，还有其他平台，像一号店、亚马逊、聚美优品、当当等，这些平台在入驻费用方面不尽相同。商家在选择电商平台时一定要选择适合自己的、费用合理的电商平台，不可贪图便宜追求过低的费用，也不可盲目跟风追求不适合自己的电商平台。

◎ 1.1.2 产品类目

中小卖家要选择重视自己经营类目的平台。

1. 京东、苏宁和国美

京东是网上商城，主要做大品牌，自建物流，属于腾讯阵营；苏宁易购主要做大品牌，物流是找快递公司，有很多线下电器商店，主要做O2O；国美和苏宁类似，也是主要做电器。

2. 淘宝

淘宝属集市类商店，一般来说个人卖家比较多。它没有像天猫商城那样繁杂的认证过程，出售的商品也不像天猫商城那样品牌信誉度高。但是集市店铺的商品种类众多，是淘宝主要的消费门户。

3. 天猫

天猫是把淘宝集市中的大公司剥离出来，属于阿里巴巴阵营，无所不包，基本什么都有，质量和淘宝相比要有很大的保证，是中国最大流量和交易量的网上商城。

4. 1号店

1号店是超市类的商城，主要经营日用品和食品。

5. 当当

当当一开始做出版物发家，现在也主要做出版物，兼做日用品、百货等的销售。

而聚划算、美团、大众点评、糯米网等都是团购网，主要做O2O；唯品会、聚美优品是垂直电商，专注化妆品或者服装等品类。

商家根据自己所要销售的商品选择重视自己经营类目的平台至关重

要，这是一开始的方向。如果一开始的方向就出现错误，对商家而言是致命的伤害。

◎ 1.1.3 推广费用

除去进驻费用，推广费用对中小卖家来说也要注意，要选择推广费用合理的平台。

50%以上退出淘宝、天猫的卖家，是由于推广费问题而退出平台，销售业绩几百万元，平台推广费就占了80%。剩下的20%除去付员工工资和商品成本，盈利则很少。

但竞争如此激烈，又不得不推广，所以，电商就变成了"电伤"。现在有的电商平台需要巨额的推广费用，往往出现"肥了平台，瘦了商家"的现象。

根据调查，不少网店的实际经营成本已经高于实体店铺。没有店租、削减渠道成本的网络电商如今也承担着巨额的经营成本，这其中最主要的原因就是竞价排名和纵容刷单造成的恶性市场环境。

一位大型电商平台高管表示，推广费用是平台的主要收入来源，也占据了中小电商的主要成本。推广费用通俗来讲类似搜索引擎的竞价排名，主要包括按照点击、成交和展现等方式付费。

商家根据自己的需求出价，按照流量竞价购买广告位，平台根据商家出价从高到低进行展示，商家并不知道其他商家的出价，如果发现自己店铺的流量下降，只能再次提高竞价。

这种模式的弊端是当电商平台上累计的商家越多时，想要获取流量就越困难。特别是当现在移动端占据成交比例80%的时候，想要在为数不多的移动页面上靠前展示,更是难上加难。

由此导致企业在电商平台上面的营销成本大幅提高,虽然电商平台能给商家带来很多流量,但这些流量分到海量的商家后每家资源都很稀缺,商家需要不断购买流量吸引新顾客。

以在天猫女装销量排名位居前列的韩都衣舍为例,其2014年和2015年营业收入分别为8.2亿元和12.6亿元,但净利润仅为3754万元和3385万元。2014年和2015年其主要投入购买流量的推广费用分别高达9492万元和1.3亿元。

当前每个品类的网店可以按照金字塔结构分为三个梯队:第一梯队是排在最顶尖的行业1～10名的商家,由于大品牌优势,它们的引流成本约占收入的10%～20%。

第二类是行业排名10～100名的商家,其引流成本占比约在20%～40%。

第三类处于金字塔最底层,排名在100名以后,也是基数最大的群体,它们甚至要靠收入的40%来引流。

那么如何维持这么高的流量成本?很多情况下,要么是巨额投入后巨额亏损,要么就只能依靠销售假冒伪劣商品和坑蒙拐骗。

有很多成立一年时间左右的淘宝店铺推广成本每天在500～1000元,大量的投入都送给了电商平台。

在电商刚刚兴起的时候,因网上商家少、竞争小,推广费用还不太高,但近几年商家都要靠花钱推广,推广费用占客单价至少10%,再扣除客服工资、店铺维护、退换货等费用,线上经营成本可以说是非常高。

所以商家在选择一个平台前,必须咨询清楚相关的推广费用,这对

商家来说非常重要。只有真心和卖家共同进退的电商平台，才会有合理的推广费用定价。

◎ 1.1.4 平台信誉

不管什么行业，信誉对于商家来说是最为看重的一点，中小卖家在选择电商平台时要选择重视诚信的平台。

随着网络信息化的普及，电子商务行业发展迅速，各大电商平台崛起，但随之而来的销售假货、价格欺诈、送货迟缓、货不对单、售后态度粗暴等问题也不断增多。信誉和诚信对一个电商平台来说至关重要，如不注意将会成为阻碍其快速发展的瓶颈。

如果一家平台不讲信誉，就算通过猛打广告、猛发补贴暂时获得大批的商家和买家，但后续的产品质量、服务质量等跟不上，也只能在市场上昙花一现。找一个电商平台等于找一个商业合作伙伴，如果双方不能做到互信，其结果只能是两败俱伤。

所以商家在选择电商平台时，一定要注意其信誉和诚信度，否则，最后受伤也悔之晚矣。

◎ 1.1.5 平台定位

对于中小卖家来说，平台定位是必须要考虑的，要选择差异性定位比较明显的平台。

生活中最常见的就是抄袭、模仿，同质性的平台竞争非常激烈，除了刚开始做的领头羊外，后期跟进的很难脱颖而出。随着互联网市场的开放，涌现出更多平台，要挖掘出有明显差异性定位的平台很难。但是也不是没有，所以在选择的时候要多做功课，多找一些平台的资料进行对比。

选择电商平台要综合考虑很多方面的问题，以上五点只是大方向的思考。

一个好的电商平台会专注于特类产品和差异化产品经营，力求打造一个线上线下相结合、适合中小卖家经营的O2O大平台，在用户消费体验提升、精耕服务细分类目、降低中小商户电商经营成本、拓宽中小企业营销渠道等方面探索和创新目前电商发展的新模式，在日趋激励的互联网电商竞争中拥有属于自己的宽阔市场。

在"互联网+"的大潮下，一个好的电商平台可以带领大批中小卖家收获更多的商业财富。

1.2 了解电商渠道，斟酌电商诉求

根据当前情况来看，不同类型的商家，对于电商渠道的诉求是不同的，如果你是生产商，那么，网络渠道的意义是销量；如果你是经销商，那么，网络渠道的意义是销量和利润；如果你是品牌商，那么，网络渠道的意义是品牌推广和分销体系。

到底该如何选择电商的渠道呢？这里，分三个方面进行介绍，如下图所示。

```
        电商渠道
       /   |   \
    生产商 经销商 品牌商
```

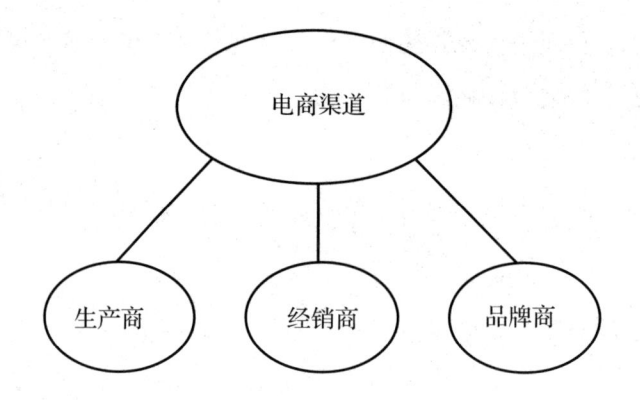

◎ 1.2.1 生产商

什么是生产商？

生产商或称为"制造厂商"，它是主要包装食品及轻工制品的供应商。

生产商一般来说具有自有品牌，由此可知，就要求其具备产品生产力和设计力这两个核心竞争力；同时，应该尽量降低渠道的管理和运营难度。

若是现金流充足，那么，可以采用 B2C 分销为主、淘宝分销为辅的渠道组合。因为 B2C 分销渠道对于仓储和团队的要求不是太高，对于熟悉传统线下渠道的生产商而言，运营 B2C 分销渠道更是熟门熟路，能够快速上手，而且大货进出，账期结算的方式也比较适合生产实力比较强的企业。

对于 B2C 分销渠道，可以将其细分为两类：第一类渠道是规模最大的，比如京东、当当、卓越等；而第二类渠道是垂直类目做得最好的，比如服装选 V+、女装百货选麦网等。

一旦 B2C 分销运营比较流畅以后，就能够逐步加入淘宝分销平台。在淘宝分销平台，可以依托淘宝庞大的卖家群体，展开淘宝分销策略。

进行淘宝分销时，需要组建一个自己的团队，分别进行产品拍照、图片处理、描述编撰、发货等工作。

若是淘宝分销经营得较为熟练和正规，那么，就可以逐步涉足电商直营渠道。

◎ 1.2.2 经销商

什么是经销商？

经销商就是在某一区域和领域只拥有销售或服务的单位或个人。同时，经销商具有独立的经营机构，拥有商品的所有权（买断制造商的产品／服务），获得经营利润，多品种经营，经营活动过程不受或很少受供货商限制，与供货商责权对等。

说得通俗易懂一点，经销商就是手里有一些品牌的授权，这些品牌在线下的表现大多不错，也有比较好的品牌背书和消费者基础的企业或个人。

就目前来看，经销商遇到的最大问题是品牌商对于授权和价格的管控，所以经销商分销策略取决于品牌商的分销策略。

该如何面对和解决这个问题呢？若是经销商，就应该构架以 B2C 分销渠道、淘宝旗舰店为主，淘宝分销平台为辅的渠道组合模式。

若是知名品牌经销商，那么，只要能够获得品牌商在 B2C 渠道的授权，便可以做 B2C 分销，更有优势。也可以争取淘宝商城旗舰店的授权，基于淘宝的平台优势，旗舰店将是一个有前景的销售模式。在此基础上，可开通淘宝分销平台辅助，这时，就要注重商品的品质与价格，尽量得到好的反馈和开发潜在顾客。

◎ 1.2.3 品牌商

什么是品牌商？

品牌商是定牌加工中指定品牌委托加工的委托方。

在电商分销渠道的建设上，相比较生产商和经销商，品牌商最具有主动权和风险。由于传统品牌商一时之间无法很好地解决线上线下的渠道冲突，品牌商可以选择副牌或新网络品牌运营的方式。

我们以副牌运营为例，建议以大型 B2C 分销、淘宝旗舰店、团购网站、独立官方网站的组合方式呈现，其他的渠道可以让其原有经销商来操作，品牌商自身需要控制的是每一种分销渠道的制高点。

如何具体操作呢？

1. 京东商城是首选

大型 B2C 分销最好选择京东商城。因为京东商城 B2C 排行第一，根据这个优势，做好第一步。

2. 淘宝旗舰店很重要

要尽量利用淘宝旗舰店这个有利资源。淘宝旗舰店是品牌在淘宝江湖的标杆，根据这个优势，做好第二步。

3. 不可忽视团购网站

利用团购网站进行推广。因为团购网站是目前电商分销渠道中极少数可以聚集大量人气和曝光率的渠道，品牌商只要能够适当选择产品，通过团购分销渠道，短时间内就可以在网络上形成非常大的曝光度和知名度，做好第三步。

4. 利用和把握独立官方网站的平台和优势

通过利用和把握独立官方网站的平台和优势，来建立品牌推广和老客户服务的根据地，形成自己的特色。

可以说，只有完成了上述四个环节，品牌商的 B2C 品牌才算是初步建立起来了。只有初期抓实、稳妥建立，才能有后续的运营和管理。

对于生产商、经销商和品牌商这三种模式，在涉足电商之前，一定要仔细斟酌和把握。只有这样，才能更进一步地选择适合自己的平台。

1.3 十大电商平台的特点

网上电子商务现在已与人们的生活密不可分，网购、叫外卖成为了生活的一部分。电商平台越来越多，鱼龙混杂。商家面对众多平台该何去何从？以下给出十大电商平台的特点，面对这些平台，商家应综合考虑，选择最适合自己的。

1. 天猫商城

在 B2C 领域，天猫的地位难以撼动。它是纯开放平台，规模大，商品种类多，流量大，知名度高，有阿里巴巴各方面的支持。利润来自流量、广告和技术服务费。但是对商品控制能力有限，没有自己的物流，依靠第三方物流。

天猫可以说是借淘宝上位，更专注于 B2C，并整合了数千家品牌商与生产商，为商家和消费者提供一站式的购物服务平台。如今假货横行，而天猫以100%正品的宣传口号吸引了一大部分人的眼球。人们不再图便宜货，而是逐渐地专注于购物质量与体验，这也正逐渐成为天猫的优势之一。

2. 京东商城

现在京东销售额的80%左右都是来自于自营，要做到真正的开放平台任重而道远。

京东商城有多个优势，包括自建物流服务好且可控、3C类产品丰富、有自建第三方支付系统（虽然体量较小）、商家入驻费用低、自营商品有厂商返利、可以通过贷款账期获利、家电规模大、对供应商议价能力强等。

京东存在商品种类不够多、入驻商家和天猫相比较少、毛利率低（只有5.5%）、自营商品成本较高而限制了资金、没有其他领域业务支持等问题。

3. 苏宁易购

苏宁易购和京东一样宣称要做开放平台，但是在已经有天猫存在的情况下，开放平台不是谁都可以做成的。苏宁的平台战略是入驻免费，提供低成本服务，利润主要来自广告和商家与消费者使用易付宝所带来的收入。

苏宁易购的优势有：家电类商品对供货商议价能力强，因此进货成本相对要低15%～20%；拥有线下门店的支持；品牌质量口碑较好；品牌知名度高；有自建易付宝；部分地区有自建物流。

苏宁易购存在商品种类不够多、入驻商家较少、流量成本高、品牌形象仍局限在家电行业、电商人才不足等问题。

4. 唯品会

唯品会是垂直 B2C 电商，它的定位是线上的二、三、四线品牌折扣零售商，换句话说就是为品牌商在线上做库存的清理。唯品会采取的是闪购模式，即限时折扣。

唯品会吸引消费者的两个因素是品牌和折扣，但事实上现在大多数品牌商在天猫和京东上做的基本上也是库存清理，而且线上还有很多经销商、代理商以及其他商家开设的 B 店和 C 店在销售品牌企业的商品，这就造成了唯品会相比天猫、京东并没有太大的价格优势。

唯品会的优势有：折扣低；商品品种较多；自建物流；以低价抢购的噱头在年轻女性消费者中产生了一定的影响力；虽然退货率在 20% 上下，高于普通电商，但剩余库存可以退还给供应商。

唯品会存在毛利增长空间有限、独有商品少、物流配送服务不好、自建物流成本较高、扣点相对较高等问题。

5. 亚马逊中国

亚马逊中国是全球最大的电子商务公司亚马逊在中国的网站，也是一个开放平台，其商品一部分来自于亚马逊自采，另一部分来自于其入驻商家，利润来自差价、店租、物流费、仓储费和广告费。

亚马逊在中国的发展与美国相差巨大，除了政策方面的原因，也与亚马逊自身对中国业务重视不够有很大关系。

亚马逊中国的优势有：资金支持多；知名度高；正版图书方面有很大优势；自建物流等。

亚马逊中国存在规模小、商品种类少、自建物流成本高、流量小、毛利率低、竞争对手多、竞争激烈、与供应商关系不稳定等问题。

6. 当当网

当当网以图书销售起家，现在是垂直 B2C 开放平台，主要自营业务包括图书、服装、母婴和家纺，定位中高端，但也允许第三方商家入驻出售百货商品。

当当网在 2010 年就已经上市，市值曾一度超过 25 亿美元，而如今仅剩 4.3 亿美元，曾经的投资者美国老虎基金、美国 IDG 集团、卢森堡剑桥集团、亚洲创业投资基金都已成功套现。在同资金实力更为强大的京东、苏宁易购等网站的竞争中，当当网生存空间遭到了严重挤压，利润水平也一度遭受严重冲击。

当当网的优势有：图书影响力大；自建物流，虽然规模较小；定位中高端，竞争对手较少。

当当网存在规模小、流量少、商品种类少、物流成本高、网络平台难以做成品牌、品牌溢价低等问题。

7. 1 号店

与 B2C 领域的其他玩家相比，1 号店似乎没有自己的特色，或者说没有找到自身的重点。

1 号店已经被沃尔玛控股 51%，但是控股后的 1 号店业务并没有多少起色，而开发平台业务还受到了限制。想要在竞争越发激烈的 B2C 领域继续存活下去，1 号店需要做明确的市场细分，一把抓式的没有重点地发展，对自己很不利。

1 号店自建了一部分区域的物流，知名度还可以。但是规模小、流量少、纯购销模式毛利低、商品种类少、自身品牌没能做出溢价，都是其要解决的问题。

8. 国美电商

国美与苏宁同为家电零售行业巨头，在电商袭来之际采取了不同的策略，苏宁大幅度转型，而国美则仍以线下为主，线上小规模发展作为线下业务的补充。

这种保守的策略导致国美在电商路上已经落后了一大步。2012年，国美在线加上库巴的总业绩是44.1亿元，苏宁易购为183.36亿元，国美的线上业务不足苏宁的1/4，与京东的600多亿元销售额相比更是可望而不可即。

国美的优势有：拥有线下门店的支持；家电类商品对供货商议价能力强；质量口碑较好；品牌知名度高；有自建物流。

国美存在商品种类不够多、入驻商家较少、流量成本高、品牌形象仍局限在家电行业、电商人才不足、没有快递牌照、小件商品还要依靠第三方快递等问题。

9. 腾讯电商

作为中国互联网界的老大，腾讯旗下有易迅网和QQ网购两家B2C网站，但是合起来所占份额也不过才5%。这一方面是因为腾讯电商起步较晚，受到阿里等的阻击；另一方面是腾讯自身并不擅长电子商务，支持力度也有限。

虽然腾讯电商发展得不够好，但是微信的火热和移动电商的兴起为腾讯电商带来了希望。

腾讯电商的优势有：腾讯在各方面的支持；第三方支付领域中第二大的财付通的支持；QQ带来的流量；资金雄厚；大量社交数据和大量QQ注册用户；移动端QQ和微信等的支持。

腾讯电商存在规模小、商品种类少、没有自建物流等问题。

10. 微店网

微店网自 2013 年 8 月 28 日上线后，用户量大幅增长，截止到目前已接近千万，是用户数增长速度最快的电商平台之一。微店网采用全球首创的云销售电商模式运营，有别于传统电子商务推广模式。

微店是零成本开设的小型网店，无库存压力，无资金风险，无须处理物流和客服，只需利用网络社交圈推广，即可从售出商品中获取佣金。供应商把产品发布到云端产品库，就有无数的微店为其推销商品，从而降低推广难度，拓展了网络销售渠道。

以微店网为代表的云销售平台，是电子商务的革命性创新，有效降低了商家的推广成本，也为海量网民提供了低门槛的创业平台。

微店网的云销售模式较新颖，是全品类的电商平台，用户黏度高，按成交提佣取代按点击付费。

但是微店相比天猫、京东商品较少，入驻供应商也比较少，上线时间短，没有自建物流，依靠第三方物流。

关于 B2C 市场的主要竞争者之间的关系，网上有一个段子：京东盯着天猫开放平台，眼馋，而盯着苏美大家电，眼红；苏宁盯着天猫开放平台，眼红，又怕京东抢大家电；天猫盯着京东 3C 和苏美家电，眼馋，同时又担心京东抢平台业务，担心唯品会抢服装清仓业务；唯品会盯着天猫服装清仓，眼馋。

段子可以当笑话看，但是很现实地反映了几大电商平台的特点。

除去这十大电商平台外，还有诸如蘑菇街、聚美优品、阿里巴巴、聚划算、美丽说等其他电商平台。中小卖家在选择电商平台时应多方面考虑，选择适合自己的、有利于自己发展的平台才是成功之道。

第 2 章　定位：终端消费者和微观市场

现代消费飞速发展，消费者新的消费需求、互联网的普及化以及移动化，使得整个消费市场发生着天翻地覆的改变，市场的发展趋势由传统的线下一对一销售演变成现在一对多、多级分销等互联网化模式。

但众所周知，任何企业都不可能以自己有限的资源满足市场上所有消费者的各种要求。企业唯有通过市场细分，向市场上的特定消费群提供自己具有优势的产品或服务，获取精准的流量，快速转化，才能以小搏大，获得利润。因此，必须找准市场定位，即去伪存真，找到终端消费者。

2.1 去伪存真，找到终端消费者

很多企业在经营过程中，总是想把自己的产品卖给所有人。卖衣服的恨不得街上所有人都穿着自己家的衣服；卖鞋子的恨不得路上看到的都是自己家的鞋子；卖包的恨不得所有人都背着自己家的包出门……

愿望是美好的，但是你又不是人民币，怎么可能人人都喜欢你呢。那么怎样才能让消费者一见钟情进而购买商品呢？这就要求做到消费者定位与消费者分析。

◎ 2.1.1 商家进行消费者定位的目的

和传统商务相比，电商能够采集和分析数据。如果学会挖掘和分析数据，从产品到用户的整个营销流程就可以变得更加精准、全面，这对于准确寻找终端消费者很有帮助。

数据对于电商来说，其重要性不言而喻。通过一系列的消费群体数据分析，可以直观地看到用户的消费习惯、消费能力等，从而进行准确定位。

（1）消费者集中在哪些城市？为什么？

（2）消费者什么时候购物？为什么？

（3）消费者是男性多还是女性多？他们各自看重的是什么？

（4）消费者收入状况和社会地位如何？

（5）消费者在生活中最稀缺的人文关怀是什么？

（6）消费者的购买决策会受到什么影响？什么会使得决策改变？

（7）什么样功能、形状、颜色的产品会让消费者分享给周边朋友？

诸如以上问题，如果商家都能回答得很好，则说明商家的定位是清晰的。

◎ 2.1.2 商家如何进行消费者定位

不管什么样的消费者，都可以从以下四类进行分析。

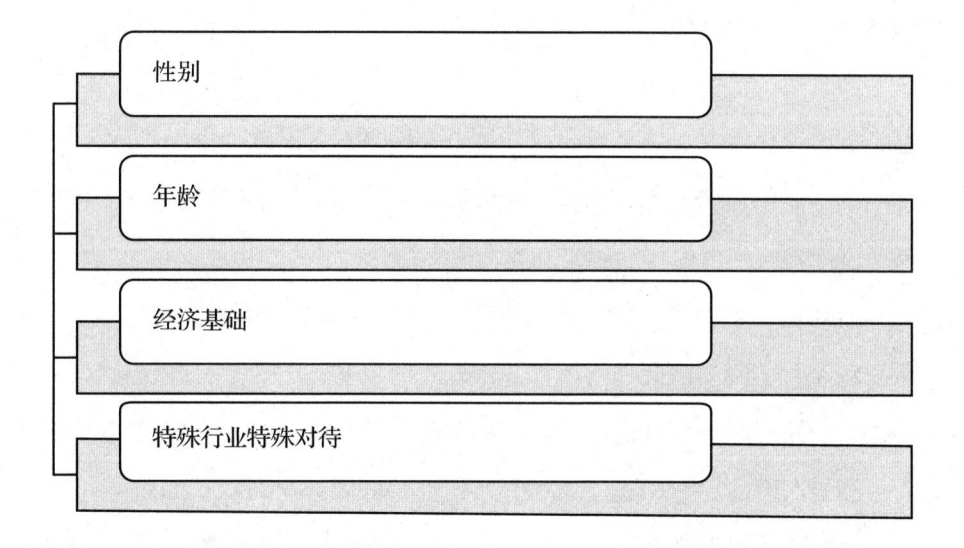

- 性别
- 年龄
- 经济基础
- 特殊行业特殊对待

1. 性别

性别的差异会导致购物诉求和购物分工的不同。

（1）男性因为需要而购买，女性因为喜欢而购买；

（2）男性的购买决策是想出来的，女性的购买决策是"逛"出来的；

（3）男性购物是写实派，女性购物是印象派；

（4）男性注重整体结果，女性注重购物体验和商品细节；

（5）男性很少从众，女性因为缺乏安全感很容易从众；

（6）男性购物图方便快捷，女性购物常常犹豫不决；

（7）男性会因为实用而购买，女性会因为羡慕别人拥用而购买；

（8）男性买东西极少评价，女性买东西会因为3元返现上买家秀、写200字好评；

（9）男性承担责任所以购买大宗物品，女性照料生活所以购买日用易耗品；

（10）男性逛商场只记住了杜蕾斯和路过的美女，女性记住了衣服、包包、鞋子、项链饰品……

在日常生活中，男女购物的差异是显而易见的。男性走进商场买商品，就好像是在完成一项紧张的任务。他们是有备而来的，大多数人目标明确、动作快捷、言语不多，大致问一下商品的情况即可，有的甚至问也不问，买了就走。

而女性就不一样，她们走进商场购买商品，就好像去看一场电影，听一场流行歌曲演唱会，是一件非常开心的事情。她们把自己梳妆打扮一番，一路春风地跨进商场。她们逛商场，并没有多大的目的性，只是习惯和喜欢而已。

英国心理学家戴维·刘易斯发现，购物给男性带来的压力最大。男性喜欢送礼物，但是很害怕逛街。他们乐意将购物的责任推到妻子或秘书身上，当后者把礼物买回来的时候，他们会觉得如释重负。女性对购物的态度则完全相反。对她们来说，购物是一种愉悦，是缓解压力的最佳方式。

这与男性和女性的原始分工不同有密切关系。作为猎手的男性必须迅速作出决定。因此，他们在购物时也和打猎时一样，重视的是在尽量短的时间内买到目标商品。

作为采集者的女性有充足的时间在森林里采摘野果。她们在商店也同样在搜寻，根本不在乎要耗费多少时间。

澳大利亚研究者皮兹夫妇发现，男性和女性的视野也不同。作为猎人，男性需要辨别远处的物体，他们的眼睛就像望远镜一样，不论远近，前方的物体都能够看清楚，但左右两边的物体却在视线之外。

较之男性，女性的视野明显更加宽阔，她们的平均视角比男性要宽90度，不用转动头部，就能看到更多东西。得益于这一点，女性能在商店里一下子将更多商品尽收眼底。在节日购物旺季，这种能力自然就更加有了用武之地。

男性购买商品是一种很实际的需要，他们很少对商品动感情。他们大都不懂得呵护商品，更不懂得把商品当作一件艺术品仔细地欣赏品味一番，他们似乎没有这方面的艺术细胞。

而女性则不同，虽然女性购买商品也是为了获取、占有和需要，但她们比男性高明的地方，是她们能发现商品本身的美，能发现商品和人那种内在的和谐的美。商品的使用价值和审美价值，被她们结合得天衣无缝。可以说，她们在这方面是天生的专家和鉴赏家。

英国一项调查显示出男女两性在购物的"战斗力"上也具有明显的差异。

女人购物有时完全是受一种情绪支配，常常会在心情不爽的时候通过购物使心境有所改变。

许多男性消费者不愿"斤斤计较"，即使买到的商品稍有毛病，只

要无关大局，就不去追究。男性消费者在购物活动中心境变化不如女性强烈，他们一般是强调商品的效用及其物理属性，感情色彩比较淡薄，很少有冲动性购买，也很少有反悔退货现象。促销活动对男性购物没有太大影响。

不少男性纳闷，平常在菜市场里讨价还价、斤斤计较的女性花几百元买一套流行时装时却丝毫不吝啬。因为女性往往是不算大头算小头，她们会为小数目的低档商品讨价还价，但对高档商品却觉得是价高质好，所以只要是"好"的东西就能让女人撒出大把银子。

业内人士认为，促销对女性的诱惑力最大，女性对赠品、赠品的力度、折扣率的敏感度远比男性高，即使是赠送一些小礼品也会吸引不少女性逛商场。

总体来说，男女购物关注点的不同主要表现为以下几个方面。

男女购物关注点的不同：设计、价格、颜色、材质、做工、品牌、产地、其他

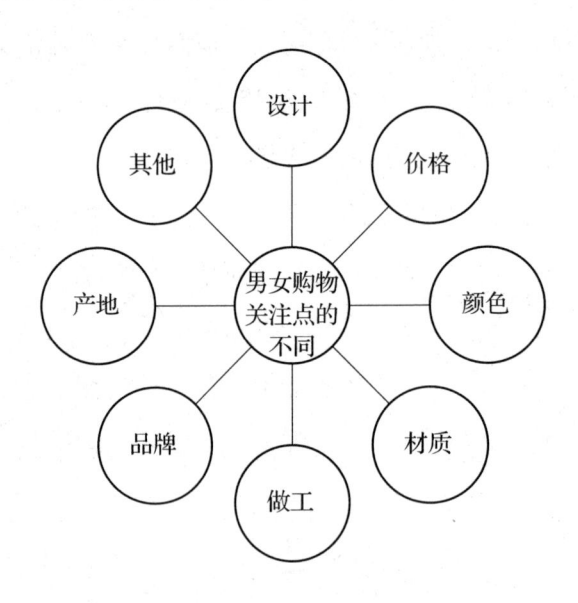

所以商家要针对男女购物的差异，对症下药，依据需求不同而确定

最终的终端消费者。

2. 年龄

消费者的年龄决定了生活主题，生活主题决定了购物需求。每个人在不同年龄段都有不同的生活主题，购物需求也不同。电商时代，小到10岁，大到80岁，都是网购对象。

网购消费者"年龄"主要分为以下四个阶段。

婴儿阶段 ➡ 青少年阶段 ➡ 青年阶段 ➡ 老年阶段

（1）婴儿阶段。处于婴儿阶段的消费人群接触网络已有一段时间，但是他们并没有真正地在网络上去购买自己想要的东西。这类人大致会有以下几种顾虑：

①他们担心自己所购买的东西是否会和原图有差距。

②他们会根据自己的消费能力去做一个简单的衡量。由于不确定商品是否物有所值，所以他们的大致承受能力在 20 ~ 150 元之间。

③他们对于商品的质量持怀疑态度。

他们可能会上网购物，如果商家的产品定位能够满足这部分人的需求，在市场上将会有很大的发展潜力。相对来说，这样的定位转化率也会最高。

（2）青少年阶段。处于青少年阶段的消费人群已经具有网络购物意识，但是由于很多原因促使他们的网络购物次数相对来说比较少。

网站的信任度和网站的活跃性是购物型网站要立足的一个很关键的因素。青少年阶段的消费人群一般都是比较忙的人，所以在他们有购物

意向的时候往往会对买家评论比较看重。

此类人群针对性极强，他们对所需要购买的商品往往了如指掌，所以希望在价格上能够占到便宜。

（3）青年阶段。处于青年阶段的消费人群，他们相对来说已经有着相当丰富的购物经验，他们也是如今电商中的中坚客户层。这样的客户群有以下几类：

①普通购买。只要价格合适，网站信用度高，他们就可以直接购买。

②网上淘客。他们对于价格来讲不会在意太多，最在意的是这种产品是否适合他们的兴趣爱好和是否与众不同。对于想抓住这种客户人群的电商来说，产品必须随时保持相当高的神秘性和更新程度。

③代购。他们有足够多的时间去购物，以至于可以帮助自己的亲戚朋友去网上购买东西，这样会显示出他们的与众不同。他们担心的最大问题就是价格和质量。或许他们还会从中获利，所以价格上要绝对有优势。

（4）老年阶段。对于处于老年阶段的消费人群来说，他们大多是从以上三个阶段发展过来的，那么这部分人群就是电商的元老级客户。这部分人群大致有以下特点：

①对于经常去购物的网站他们会毫不迟疑，唯一看重的就是发货是否及时。

②对于即将去购物的网站他们考察得较多。首先他们会去看商家网站的成熟度，如果被他们发现这个网站有很多缺陷，他们则不会去购买。

③商家商品的货架是否合理，促销是否能够打动他们。

④货比三家，这一点对于他们来讲也是最拿手的一点。

对于电商们来说，要抓住这部分人群也是最具考验性的，商家必须比同行要具有更多的创新和稳健，才能更胜一等。

此外，针对人的生理年龄来说，10岁的儿童天真无邪，买好玩的；20岁的青年积极乐观，买新鲜刺激的；30岁的壮年年轻有为，有初为父母的幸福和责任，更关注家庭老小的健康；40岁的中年智慧圆融，更关注地位、品位和名望；50岁者知天命，轻松洒脱，孩子结婚了，更关注健康、文化内涵，更爱凭借经验购买，对记忆深刻的品牌有较深的依赖；60岁的老年更关心增值……

年龄决定生活主题，生活主题决定购物需求。电商要根据年龄确定不同购物人群，以满足他们的购物需求。只有确定了终端消费者，才能更好地发展下去。

3. 经济基础

经济基础决定购物诉求。消费者的经济状况会强烈影响消费者的消费水平和消费范围，并决定着消费者的需求层次和购买潜力。

消费者经济状况较好，就可能产生较高层次的需求，购买较高档次的商品，享受较为高级的消费。相反，消费者经济状况较差，通常只能优先满足衣食住行等基本生活需求。

如果商家的产品品质和定位是给高收入、高消费人群的，那么产品的文案、视觉、包装都要紧紧围绕产品的品质、概念、品位来展开；如果商家的产品定位是满足低收入人群的需求，那么商家最需要突出的就是它的性价比和质量，以及一些令人窃喜的小应用、微创新等。

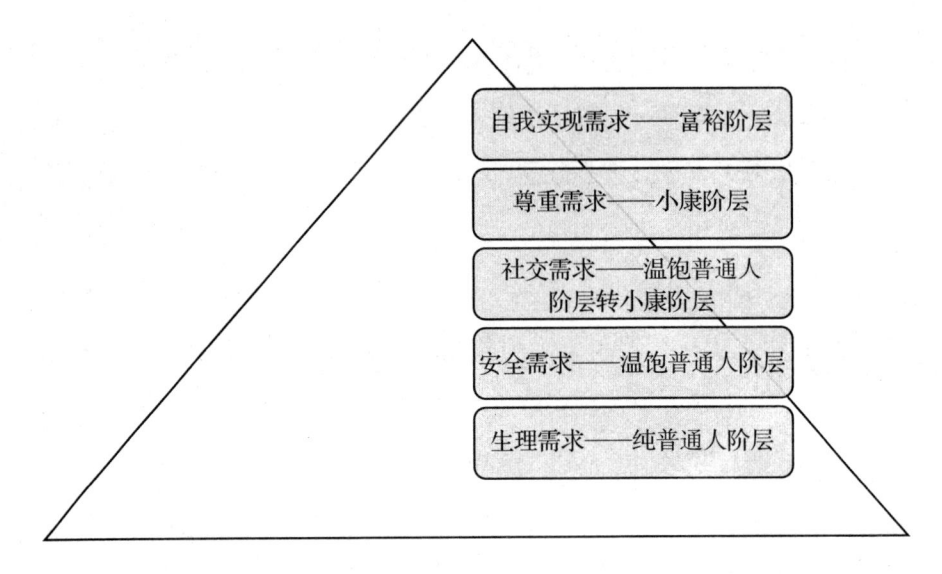

```
            自我实现需求——富裕阶层

            尊重需求——小康阶层

            社交需求——温饱普通人
                    阶层转小康阶层

            安全需求——温饱普通人阶层

            生理需求——纯普通人阶层
```

如上图所示，不同经济基础的购物诉求不尽相同。

（1）纯普通人阶层——追求功能、结构、便宜、实用性；

（2）温饱普通人阶层——追求安全、舒适、便捷；

（3）温饱普通人阶层转小康阶层——追求好看、好闻、触感好（好听、好吃）；

（4）小康阶层——追求包装精美、售后健全、沟通顺畅；

（5）富裕阶层——追求用户体验、环保、信仰、情怀。

4. 特殊行业特殊对待

不同职业的消费者，对于商品的需求与爱好往往不尽相同。隔行如隔山，职业特性催生细分市场。

一个从事教师职业的消费者，一般会较多地购买书报杂志等文化商品；而对于时装模特儿来说，漂亮的服饰和高雅的化妆品则更为需要。

此外，教师购买的产品相对会比较保守，如女教师的职业装就不能太暴露。所以，如果是卖职业装的商家，能不能专门针对老师的特殊需求，设计一些解决老师痛点的职业装，比如拉链、纽扣、不吸粉尘等，就显得至关重要。

对于一个上班白领来说，时尚、气质显得尤为重要；对于官员家属来说，不张扬和稳重更为重要；对于一个暴发户老板来说，奢华就显得尤为重要；对于从事艺术创作的人来说，个性鲜明、独一无二就能获取他们的芳心……具体来说，可以简单划分为以下四个层面。

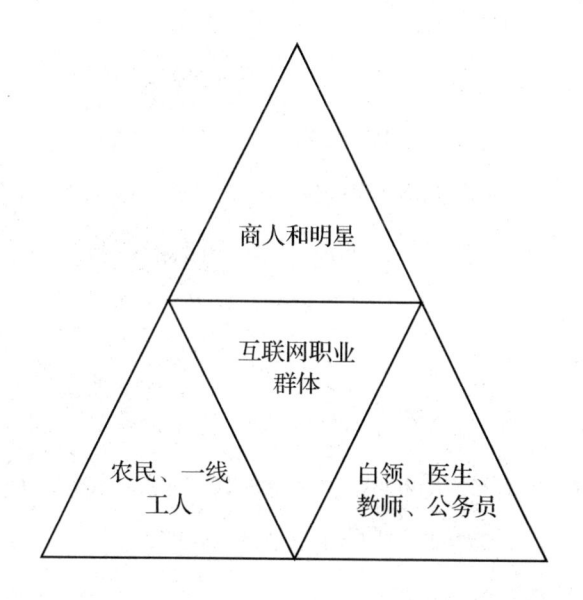

```
                    商人和明星

                  互联网职业
                      群体

        农民、一线            白领、医生、
           工人               教师、公务员
```

（1）农民、一线工人等低收入消费群体，消费偏重于基本发展性需求。他们收入不高，量入为出，求实求廉心理较为突出，在这个社会承受的压力较大。对于他们来说，首先是要满足基本生存发展的需要。

（2）白领、医生、教师、公务员等中等收入消费群体，消费的主动性较强。随着社会的发展和经济的进步，消费者的消费支出也在不断增加。这类消费者有一定的经济基础，对消费的风险承受能力相对较强，他们往往会主动通过各种可能的渠道去获取与商品信息有关的信息并进行分析比较，之后再购买产品。

（3）互联网职业消费群体追求方便的消费过程。目前互联网用户多以年轻、高学历用户为主，他们拥有不同于他人的思想和喜好，有自己独立的见解和想法，对自己的判断能力也比较自负。

互联网职业群体由于经常与网络相伴，在同等条件下，他们会选择网上购物。他们接受新鲜事物的能力较强，所以他们的具体要求越来越独特，而且变化多端，个性化越来越明显。

（4）商人和明星等高收入消费者群体追求奢侈消费。他们的生活得到完全保障，经济条件比较优越，购物挑剔，讲究品位，追求美感，看重商品的象征价值，对价格不敏感。

所以身处不同地位和层次的消费者，就会购买与其心理预期和价值判断相对应的产品。细想一下，不管是做服装的，还是做数码产品的，或者做服务的，或是其他行业，终端消费人群都可以根据收入高低、男女差异、年龄差异，以及行业特殊性来确定。

不同的人群关注点就不同，但在以上四类中又有交叉的部分，通过差异区分，可以得出类似下面的结论：

- 我的主要消费群是低收入的男性，大约都在20岁左右，主要都是大学生。他们更在意……
- 我的主要消费群是高收入的女性，大约都在30岁左右，主要都是老板或高管。她们更在意……

针对不同的消费群决定不同的运营思路，大到产品结构、产品设计，小到包装、视觉呈现和服务细节，都可以因人而异、因时而异、因地而异。去伪存真，找到自己的精准终端消费群，才能有效提升转化率，获得更高的利润。

第2章
定位：终端消费者和微观市场

2.2 中小卖家选择市场的步骤与策略

纷繁迭代的商业故事总是让很多创业者无所适从，不知道如何下手。如阿里、百度、腾讯的频繁收购，优酷和土豆的联姻，滴滴打车和快的打车的合并……

如此多的商业故事让人眼花缭乱，但是在真实的商业社会中，我们所看到的都只是那其中1%的人的成功故事，其中80%的人都失败了，剩下19%的人还在不懈奋斗。这时候一定会有人问：选择一个什么样的市场才能更容易成功？

选择是什么？选择就是找到自己对的样子。

成功的定义是什么？赚到很多钱？还是拥有一个很大的商业帝国？

其实，对于绝大部分中小卖家来讲，盈利就是一种成功。

◎ 2.2.1 了解市场特征

很多人喜欢听故事，下面就讲一个选择市场的故事。

2012年央视十大经济人物的颁奖典礼上，王健林与马云打了个1亿元的赌，赌的是到2020年电商在中国零售的市场份额是否能超过50%。王健林称，"10年后如果电商在中国零售市场占50%，我给他1个亿，如果没到，他还我1个亿。"

马云和王健林等就"10年后电商在中国零售市场份额能否过半"设下了

1亿元的赌局。结果刚刚过了不到两年的时间，王健林主动放弃了这个赌局，万达也开始发展电商业务，并将电商列为万达集团的五大支柱业务之一。

王健林意识到，万达如果不早点儿介入电商业务，很有可能在未来某个时间被新兴的"互联网+"所取代。

2014年，王健林、李彦宏和马化腾聚集在深圳一家五星级酒店召开发布会，做什么呢？组建电商公司。

这家合资公司名为电商，其实是一家O2O公司，目的是打通线上线下资源。三方谈判从2014年4月开始，仅用4个多月就达成合资协议。三方在业务上全面合作，腾讯拿出的是微信的入口资源和用户关系，百度主要是百度地图和线上流量资源，换取万达庞大的线下流量。三者合作，形成一个绝佳的社交闭环。

通过万达这个例子，可以发现他们选择市场的特征：

（1）在线上，有合作对手（微信、QQ+百度地图、搜索）；

（2）在线下，有自己独特的优势，且难以复制（万达地产）；

（3）未来三年，该市场属于增长红利期（O2O已经出现10年，已经成熟了）。

对中小卖家来说，能拿到独特资源的概率很小，那么专注于细分市场就很重要，所以找到合作对手就十分重要。

这个对手指的是在线上卖货的对手，以淘宝、天猫和京东（微店也算）三个平台为核心平台。我们分A、B两面来看这个问题。

1. 先看A面

线下市场很成熟，但线上同行都不怎么重视，甚至只是随便做做，这是机会之一。

我们不妨在淘宝、天猫、京东上搜索一下现在想到的关键词，看一下排在第一页的那些同行。先看搜索显示的主图，再看店招、标题、定价和宝贝描述，然后找客服聊几句感受一下服务，再拍下拿回来拆开看看，最后退货看一看售后服务。

其实甚至不用走到与客服聊天那一步，就基本能够摸清"敌情"，在三五个月内，能够凭借一定的努力排到"豆腐块"的位置。

例如，搜一下"T恤定制""写真喷绘""草坪""透明胶带"这些词。搜索出来的页面情况可以说是非常糟糕，没有定位，缺乏品牌感，更不要谈用户体验了。其实这些产品的需求量并不小，并且用户群非常集中，但还没有一个强悍的对手，甚至于没有一个品牌商。

有谁能说得出来谁家的写真喷绘做得最好？谁家的草坪最优？谁家的透明胶带最值得购买？说不出来，那这就是机会。面对全国数亿网民的市场，再小的产品，都能找到数万计的客户。如果碰巧在这个细分市场，或者有资源进入，那就能赢了。

早在2013年，搜索"对讲机""折叠床""暖宝宝""鱼竿"这些词后出来的页面，就像今天搜索"T恤定制"一样。假设卖家处在这样的市场，就应该赶紧蜕变自身，提高门槛；假设卖家刚好发现这么一块市场，自己又有某种独特的资源，那么就拿到了一个好的创业机会。

2. 再看B面

线上市场已经比较成熟，有狼一样的对手，但是又不得不做。那么，就找到"连合作对手都没有"的市场，从消费群中选出一小撮，精准定位，避免和大而全的卖家打白刃战。

要知道，任何公司都不可能以自己有限的资源，满足市场上所有消费者的各种要求。卖家应该通过市场细分，向市场上的特定消费群，提供自己具有优势的产品或服务，获取精准的流量，快速转化，以小搏大，获得利润。

以服装市场为例，衣食住行的"衣"排在第一位，属于大市场，有很多强悍的对手。拿凡客举例，其在2010年造就了风靡一时的"凡客体"，甚至衍生了后来的"陈欧体"，凡客被胜利冲昏了头脑，要冲刺百亿元大关。

凡客疯狂扩张，员工暴增到15000人，为了抓住所有的消费者，拼命倒推SKU（库存量单位）以获得营业额，把自己变成了百货超市，甚至一度卖过拖把。

惨败后的凡客，在陈年的带领下，于2014年从头再来，员工缩减到300人，产品从先做好一件衬衫、一件轻羽绒服开始。

衬衫这个市场，尤其是免烫衬衫，恰恰国内找不到令人尖叫的相关同类产品，凡客在免烫衬衫的市场，就是在和合作对手的对手在竞争。从高处跌落后的凡客CEO陈年说，自己过去是凑热闹，差点烟消云散。

所谓的凑热闹，就是选择各种强悍的对手，而不是专注在细分市场找合作对手，或者找连对手都没有的空白市场。

◎ 2.2.2 进行市场细分

怎样找到这个合作对手呢？答案就在于市场细分。

公司根据自己的条件和营销意图把消费者按不同标准分为一个个较小的、有着某些相似特点的子市场。

在现代市场条件下，消费者的需求多样化，而且人数众多，分布广泛，任何公司都不可能以自己有限的资源满足市场上所有消费者的各种需求。通过市场细分，向市场上的特定消费群提供自己具有优势的产品或服务。

消费者人数众多，需求各异，但公司可以根据需求按照一定的标准进行区分，确定自己的目标人群。比如按照地理标准、性别、年龄、职业、收入、种族、信仰、购买动机等因素将市场分为若干群体。

同样是食品，湖南、湖北、四川、重庆等地的人喜欢吃辣，甚至无辣不欢，其他地方的人大多喜欢微辣，甚至江浙某些地方的人完全不吃辣。那么做食品的卖家就要考虑到食品里面放多少辣椒，要做等级划分，甚至还有专卖各种"变态辣"食品的。那么卖家就可以进入这样的细分市场。

同样做手机，高收入阶层、工薪阶层、低收入群体需求也不一样。高收入阶层和白领阶层更关注品牌、服务以及产品附加值等，而低收入者更关心价格、实用性和质量。这就是为什么觉得自己是精英阶层的人都比较少用小米手机，而选择用苹果手机。

同样是护肤品，孕妇和一般女性就不一样。孕妇更关心产品是否有刺激，是否会影响到孩子，所以才产生了袋鼠妈妈品牌，为孕妇提供专用护肤品。

那么拿现在卖家所处的行业来说，行业所在的市场是不是充满了合作对手？如果不是，那能不能找到一块空白市场，而且这个空白市场连合作对手都没有？

看那些空白市场成功的例子：

（1）有一个专注大学生职业装的公司成功了；

（2）有一个专注3～12岁学艺术女童装的公司成功了；

（3）有一个专注咖啡器具的公司成功了；

……

那么，卖家可以问一下自己，自己的专注点是什么？

◎ 2.2.3 选择具有难以复制的独特优势的市场

再来找难以复制的独特优势，以下面三个来举例说明。

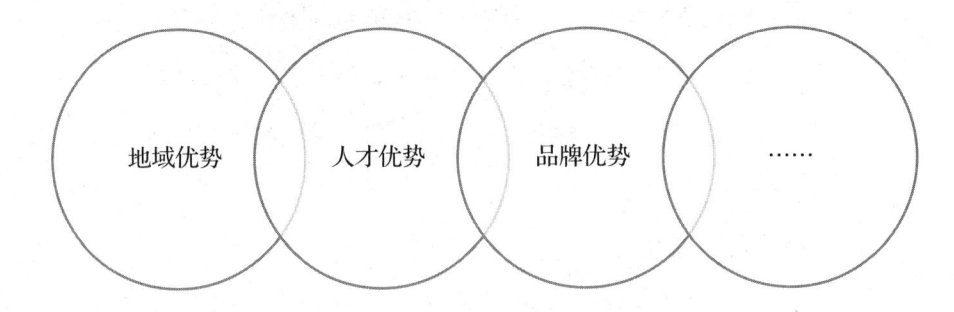

地域优势　　人才优势　　品牌优势　　……

1. 地域优势

如浙江金华就是金华火腿的产地；江苏扬州是布娃娃的生产聚集地；河北高阳是毛巾的产地；云南是米线和白药的产地；潍坊是盛产风筝的地区；东莞就是很多服装工厂的聚集地；义乌就是小商品批发市场的聚集地；温州就是鞋厂的聚集地……

这些都是地域优势，如果卖家在这些地方有供应链，而且从这些地方发货的话，消费者就会很认可。

2. 人才优势

如果卖家周围都是做电商的高手，那么卖家就能运用他们的玩法；如果卖家周围有很多艺术院校，卖家就能运用他们开发手工艺术品；如果卖家自己是高级美容师，那么卖家就能运用这个技术做客户、做增值服务；如果卖家自己的画画技术很好，那么卖家就可以根据自己所卖的商品自己绘图做美工，可能会有意外的收获。

3. 品牌优势

说到可乐，第一个想到的可能就是可口可乐；说到健胃消食片，第一个想到的可能是江中牌健胃消食片；说到凉茶，可能就会想到王老吉；说到北京糕点，可能会想到稻香村……

这些都是产品形成的独有的品牌优势，使得这些品牌深入人心，消费者对其有很大的信任度。卖家如果抓住产品的品牌优势，消费者会"慕名而来"。

除以上三个外，还有供应链优势、团队优势、资本优势、用户优势等。无论如何，卖家都要找到直接竞争对手难以复制的一个优势，这样才能在这一个市场定位里面独领风骚。

◎ 2.2.4 界定增量市场还是存量市场

市场可以划分为增量市场和存量市场。增量和存量是相对于现有客户群来讲的，公司的现有客户可以称为存量用户，通过公司的市场行为干预把潜在客户转换为客户，可以界定为增量用户。

存量市场说的是市场是现存的，竞争讲的是市场份额，常见的是价值链竞争；增量市场说的是市场边界在扩散，整体量在提升，甚至可以蚕食别的类似品类的市场，属于整体规模在增加的市场。

举个例子，在某一个时代，看报纸的市民人数是相对稳定的，即便总量在增加，但只要不发生人口数量颠覆之类的，比例也比较稳定，整个报纸行业面对的是一个存量市场，他们相互抢夺份额。

但后来手机市场兴起，大家慢慢转而用手机看新闻，甚至用手机看新闻的人比看报纸的人还多。这个时候，仅有的数家手机新闻供应商就

面对着一个增量市场。

一方面它们有份额的增多，一方面整个市场在迅速扩大。加上有些新闻客户端还推送搞笑的新闻，结果新闻APP变成综合信息接收平台，市场进一步被扩大，更多人流入这个市场。增量就是这样的概念。

那么，卖家在选择市场时，是选择增量市场，还是存量市场？

未来三年属于红利期，雷军说"风口上的猪"，而这个风口就是趋势。如果卖家所处的行业在未来三年属于红利期，就一定有利可图。即，选择增量市场，不选择存量市场。

大咖级公司能够看到五年或者十年以后的趋势，比如阿里巴巴；精英公司能够看到两三年的趋势，比如锤子科技；一般公司，只能看到当下流行的趋势，比如那些刚发生一件大事就跟进衍生品的公司。当下的趋势，就是国家在倡导的、大家都在谈的，如"互联网+"。

纵观整个互联网的发展史，自从互联网诞生，到1.0、2.0及3.0时代，所有的互联网商业模式都是"互联网+传统商业"。

1.0时代是"互联网+信息"，2.0时代是"互联网+交易"，3.0时代是"互联网+综合服务"。互联网技术不断推陈，商业模式不断出新，只是万变不离其宗，一直遵循"互联网+360行"的模式。

因此，"互联网+"是互联网融合传统商业并且将其改造成具备互联网属性的新商业模式的一个过程。"互联网+"其实不是颠覆，而是使信息更加对称，交易成本降低，运营效率呈倍数提升。

要做"互联网+"可以参考阿里巴巴的三大战略：农村淘宝、跨境电商和大数据，这和国家经济发展规划完美吻合。

1. "互联网+农业"：京东将触角伸向农村

"互联网+农业"就是依托互联网的信息技术和通信平台，使农业摆脱传统行业中消息闭塞、流通受限制、农民分散经营、服务体系滞后等难点，使现代农业坐上互联网的快车。

通过嫁接互联网，对传统农业进行改造，使信息更加透明化，有助于保障粮食安全，提高农资产品使用效率。因此，互联网工具将在农业现代化进程中发挥引领作用，并带来万亿级市场空间。

今后农村电商将成为农业现代化的重要推手，有效地减少中间环节，使得农民获得更多利益，面对亿万元以上的农资市场以及近七亿的农村用户人口，农业点上的市场空间宽阔，大爆发时代已经到来。

而在此基础上，农民需要建立农产品的品牌意识，将"品类"细分为具有更高识别度的"品牌"。例如，曾经的烟草大王褚时健栽种"褚橙"；联想集团董事柳传志培育"柳桃"；网易CEO丁磊饲养"丁家猪"等。也有专注于农产品领域的新兴电商品牌获得巨大成功，例如三只松鼠、新农哥等，都是在农产品大品类中细化出个体品牌，从而提升其价值。

2. "互联网＋零售"：零售体验，跨境电商

在互联网时代，消费者的购物渠道越来越多，不仅可以去实体店购物，而且可以在网上购物。消费者大规模地转移到电脑上、手机上、平板上。实体店和网店并不冲突，实体店不仅不会受到冲击，相反还会借助"互联网＋"重获新生。

传统的卖场今后要转型为可以和互联网互动的店铺，展示商品，让消费者亲身体验产品。例如苏宁的传统电器卖场转型为可以和互联网互动的店铺，展示商品，让消费者亲身体验产品；1号店在上海大型社区中远两湾城开通首个社区服务点，成为上海第一个由电商开通，为社区居民提供现场网购辅导、商品配送自提等综合服务的网购线下服务站。

这些都在阐明零售业的创新方向，线上线下未来是融合和协同，而

不是冲突。

跨境电商也成为零售业的新机会，杭州设立了跨境电子商务综合试验区，在跨境电子商务交易、支付、物流、通关、退税、结汇等环节的技术标准、业务流程、监管模式和信息化建设等方面先行先试。

随着跨境电商的贸易流程梳理得越来越通畅，跨境电商在未来的对外贸易中也将占据更加重要的地位，如何将商品借助跨境平台推出去，值得很多企业思考。

此外，如果说电子商务对实体店生存构成巨大挑战，那么移动电子商务则正在改变整个市场营销的生态。智能手机和平板电脑的普及，大量移动电商平台的创建，为消费者提供了更多便利的购物选择。

例如微信将推出购物圈，就是在构建新的移动电商的生态系统，移动电商将会成为很多新品牌借助社交网络走向市场的重要平台。

3."互联网+家电、家居"：让家电会说话，使家居更聪明

互联网家电产品的互通，即不同家电产品之间的互联互通，实现基于特定场景的联动，让更多的智能终端作为智能家居的入口和控制中心，实现互联网智能家电产品的硬件与服务融合解决方案，"家电+家居"产品衍生的"智能化家居"，将是新的生态系统的竞争。

无论是海尔、美的、创维等传统家电大佬，还是京东、360等互联网新贵，或推出智能系统和产品，或参与搭建智能平台，一场智能家居的圈地大战进行得如火如荼。

例如，海尔针对智能家居体系建立了七大生态圈，包括洗护、用水、空气、美食、健康、安全、娱乐、居家生活，利用海尔U+智慧生活APP将旗下产品贯穿起来。

美的则发布了智慧家居系统白皮书，并明确美的构建的M-Smart系

统将建立智能路由和家庭控制中心,提供除 WiFi 之外其他新的连接方案,并扩展到娱乐、机器人、医疗健康等品类。

智能解决大行其道,你准备好了吗?

当一个趋势还没有开始的时候,进入就能制定规则,坐拥江山;当趋势来了才进入的话,就只能追赶趋势;当趋势下行或者快过去了才进入的话,就只能当炮灰,尤其对中小卖家来说!

2.3 产品差异化

差异化是产品和品牌的灵魂,没有差异化的产品和品牌注定会失败。产品卖的不是实体价值,而是感知价值,只要能让消费者对产品和品牌的感知价值产生变化,就实现了差异化。

如 ThinkPad 手提电脑黑金刚的造型、红点点是一个独特的符号,是品牌的基因,提升了消费者对品牌的情感认同,其实也是非常有价值的差异化。那么到底如何对产品进行精准的差异化定位呢?

◎ 2.3.1 产品营销差异化

下面以小米为例,阐论产品营销差异化。

1. 目标定位差异化

目标市场定位,是指企业对目标消费者或目标消费者市场的选择。小米公司的定位是高性能发烧手机,其口号就是"为发烧友而生"。在

当今手机数码市场中，大多数手机数码厂家将自己的市场定位于高端或者入门级手机的同时，小米公司将自己的市场以及目标客户定位于发烧友（发烧友是形容"痴迷"于某件事物的词语）。

这样的定位有一定的好处的同时，也有一定的风险性。发烧友的定位会使自己的目标市场更加明确，更好地掌控自己产品的走向，但是同时发烧友并不是一个非常明确的目标市场和客户群体。

2. 人力组成差异化

小米人主要由来自微软、谷歌、金山软件、摩托罗拉等国内著名IT公司的资深优秀员工所组成。小米的公司组成改变了大多数人对国产手机的传统认识，小米不再只是一种山寨的模仿品。

小米公司由大批的高精尖人才组成，拥有超强的软硬件开发技术，使得小米公司从传统的"国产即山寨"的观念中得以区别出来。同时小米也在不断地招收大量的高素质人才，使得小米随时充满着活力与不惧任何挑战的勇气。

3. 产品布局差异化

传统的手机数码公司，都是将硬件作为自己生产产品的第一要素，但是小米公司在开始手机生产制作之前，首先进行的是MIUI系统的创作，这跟其他的手机公司是不一样的。

小米在自己软件的基础上，在有了一定的客户群体的前提下，进行手机的开发制作，这对于手机的销量也是一种保证。随后，小米又开发了米聊、小米社区、小米网等一系列的围绕小米硬件的产品，形成了一整套的产品产业链。

后来，小米又生产电视、机顶盒等产品，将自己的产品领域扩张到电视网络，逐渐形成了移动端、电视网络端的整个的环形产品布局。

4. 营销差异化

提到小米，人们首先想到的一般是其惊人的营销手段。饥饿营销，这一苹果公司针对中国大群体而采取的营销模式被小米搬来，很好地融合进自己的公司理念中，并且结合当今网络的快速发展，使得小米的产品形成一种供不应求的现状。

新浪微博、腾讯微博等微博短信息平台是小米产品营销的一个很重要的根据地。雷军的新浪微博关注人数上千万，小米公司、小米手机、小米电视的微博粉丝数也上千万。小米公司通过在微博中对新产品的预热以及发布，并且采取转发有奖的形式，让人们更多地参与到其中。

小米公司的口号是"为发烧友而生"，这样的理念产生了一大批粉丝，而高质量的硬件、软件使得用户形成很好的口碑。良好口碑形成后，必然会伴随着销量的大幅增长。

5. 销售渠道差异化

互联网时代的到来使得中国的消费者购买习惯发生了改变，购买产品更加趋于网上消费。小米的销售渠道不在传统的实体店，而是网上预订，然后通过快递的形式进行邮递。

这样的形式更加适于当今的情况。从与小米公司本身的理念"为发烧友而生"相结合看，这样的销售模式更加适合其顾客群体。

◎ 2.3.2 产品功能差异化

下面举例说一说某款鞋子的差异化。

有一家公司是传统线下售卖童鞋的公司，公司在 2015 年初转型开始做电商，一开始始终找不到方向。但是该公司最大的优势是之前在线下有数十家门店，对产品本身有非常深刻的了解。

他们有一款卖得不错的鞋子，是他们的一个小发明，就是在原来的鞋面上加上了一个魔术贴设计，魔术贴上面可以贴一些小动物，一双普通的鞋子由此可以变得活泼、可爱、有趣。

所有的鞋子，打样生产是最难的，而做魔术贴上面的图案成本低，可以一双鞋配多个图案，生产便捷，形成了设计理念造就的差异感。

同行还没有这样的鞋子，并且这个创意可以申请专利，然后在魔术贴的打造上，结合幼儿园课本和时下流行的动画，可以生产出英语系列、动物系列、植物系列、名人头像系列、动画片系列等。

而这个专利相对于那种给鞋子里面做智能设备、测试孩子的身体状况、跟踪孩子行踪的产品来说，技术难度低得多，却能把鞋子变成一款具有教育功能的产品。

学校其实非常需要和教学同步的道具，而如果鞋子上的魔术贴是孩子们在学习的英语字母、生活用品、各种动物等，绝对体验一流。和大型幼儿园合作，校方可以利用这个进行教学，孩子们可以边学边用。而且，可以针对孩子的喜好，他们喜欢穿什么就开发设计什么样式的魔术贴，提升鞋子的感知价值。

再比如别人都是请年轻的女模特走秀，而有商家独辟蹊径，除了有年轻的女模特外，还有上了年纪的老爷子，帅气逼人地出现在舞台上，也是一种绝对吸引眼球的差异化——记住了老帅哥，也就有了宣传势头。

◎ 2.3.3 产品优势差异化

说完产品营销和产品功能的差异化，接下来就具体说说产品优势到底应该如何实现差异化。

1. 个性化的品牌核心价值

由于品牌核心价值是品牌提供给消费者的关键利益，是消费者认同、喜欢某一个并愿意购买某一个品牌的主要动因，理所当然应该是品牌联想中让消费者记得最清楚并且能一提到品牌马上能想到的信息。

品牌核心价值既包括功能性利益，如"舒肤佳含保肤成分，有效去除细菌"，"宝马车——超凡的操纵性能"；也包括精神价值，如"宝马的潇洒、高雅和身价不凡"，"佳得乐运动饮料——我有，我可以"的广告语中蕴含"特立独行、酣畅自由感"等。

一旦品牌核心价值成为最强劲的联想，就为占领市场奠定了坚实的基础，正如谁都无法否认舒肤佳品牌联想的主要内容——"除菌"——对舒肤佳成为香皂市场第一品牌的推动作用。

2. 独特的产品特性

一般而言，产品的核心价值是消费的功能性利益，品牌核心价值往往就是产品特征的一部分。比如，宝马的核心价值"优秀的操纵性能"是其产品特征的一部分。

很多产品特征不是产品的核心价值，比如一支高露洁牙膏有外包装形状、大小、膏体颜色、细腻程度、洁齿与护齿功能、香味等许多特征，而高露洁的品牌核心价值只是"有效防止蛀牙"。

不过，一般特征也能提供辅助价值，或对品牌核心价值来说是一种佐证。发展对产品一般特征的联想也是十分必要的。如细腻的牙膏膏体也是消费者选择牙膏时追求的利益，细腻的膏体与精美别致的包装会让"有效防止蛀牙"这一关键利益更可信。

消费者联想到的产品特征应该是品牌独特的、消费者喜欢的、竞争

者尚未具备的。

3. 声望感与领先感

声望感与领先感指的是对产品的整体评价，如质量、技术及企业整体实力在行业中的领导地位。大家常常会发现，消费者压根说不出 A 产品比 B 产品、C 产品在消费者利益和产品具体特征上好在哪里，但就是愿意花更高的价格购买 A 产品，这就是因为 A 产品具备了声望感与领先感。

如 ZEISS 太阳镜之所以卖了一个高于其他产品的价格，全赖其作为光学领导者的声望。这种声望的获得在于 ZEISS 常年在这一领域耕耘，孜孜不倦地追求新技术和卓越品质。久而久之，消费者认为 ZEISS 是一个工艺上的技术先锋，却不知道其眼镜特殊在哪里、好在何处。

人们对索尼彩电的认同又何尝不是如此，有多少人就是在知道索尼特丽珑显像管的技术细节和好处后才会买索尼的。海尔品牌延伸到热水壶、电吹风等小家电与燃具后，并没有为这些产品做多少广告，消费者也不知这些产品好在哪里，但还是掏了比一般产品贵不少的钱而购买海尔，因为海尔品牌的声望感与领先感让消费者折服。

中小卖家一定要注意培育并建立产品的声望感与领先感，这比宣传细枝末节的产品特征更能实质性地提升品牌力。

4. 清晰的相对价格

海尔电器比较贵、格兰仕价廉物美、登喜路一根领带的价格抵过国产领带 50 根……

当知道登喜路价格贵的人越多，穿这一服饰的人感觉也会更好一些。记住了产品的相对价格能使消费者明白这一产品是否可列入选购时的候选名单，减少购买时信息收集的烦琐程度，毕竟购买力是制约购买决策的最大因素。

对企业而言，像登喜路、海尔这样高溢价的品牌无疑是充满诱惑力的，代表着高利润率。要成为一个高溢价产品，那么这个产品必须提供声望、优秀品质及令人仰慕神往的品牌文化内涵与精神价值。

5. 使用方式与场合

麒麟宣传"午后红茶"的电视广告画面是欧洲贵妇；前几年，雀巢咖啡提示的饮用场合是温馨一刻，近几年是写字楼里；柯达200最适合拍夜景；太阳啤在迪厅与酒吧里喝显得特别酷；娃哈哈非常可乐想让人在幸福与喜悦时刻想到喝非常可乐，所以非常可乐电视广告中出现的是"股票涨了""嫁啦""考中了"等幸福喜庆时刻狂喝非常可乐的场景。

对很多产品来说，使用场合是产品最有价值的资产，如消费者在家里可能喝蒙牛酸奶，但妙士牛奶适合在高档餐厅饮用的强烈联想会让消费者在餐厅宴请客人的时候点妙士酸奶；又如人们在餐厅喝青岛啤酒，而科罗娜啤酒代表时尚，适合在酒吧畅饮。

6. 目标消费者和目标消费者心目中的理想人格

产品与目标消费者联系起来，可以使目标消费者感觉到一种归属感。

当消费者对一个产品使用对象的联想与自己正好吻合或接近时，选择这一产品的可能性就大增。如百事可乐用青春偶像演绎的"活力、个性、激情"更易获得年轻人的喝彩；乐百氏、娃哈哈酸奶明确指向儿童，而达能、光明酸奶的主要消费群是成人；奔驰车比宝马车更适合年纪大、略微保守、稳健的商界成功人士乘坐，沃尔沃则代表着含而不露的知识精英。

当然，有很多时候产品输出的使用者形象高于目标消费者实际的层

次，我们称之为"理想人格"或"人往高处走"，当产品输出消费者仰慕的理想者的形象的时候，产品寄托了消费者的梦想，获得消费者的喜欢是自然的事情。

产品强有力的目标消费者联想也会限制产品目标市场的扩大能力，然而鱼和熊掌不可兼得，在产品过剩、竞争异常激烈的年代，必须作出牺牲去选择特定目标消费群以使产品与服务更符合目标消费群的需要，增强在细分市场的竞争力，增进目标消费群对产品的归属感。

7. 认同与敬仰的生活方式与个性

产品代表的一种生活方式与目标消费者接近，或目标消费者十分认同与敬仰并意欲获得这样的生活方式，产品就对目标消费者充满了诱惑。很简单，人往高处走，水往低处流。正如厦新是"追求精致生活者"的选择，金娃果冻是"极为关注孩子健康的父母"理性选择的产品一样。

◎ 2.3.4 竞争对手比较差异化

产品的销售避免不了与竞争者一较长短。因此，产品能反映出与竞争者的鲜明差异与优势是必需的。如海飞丝的去头屑功能要比别的品牌强；丽思卡顿酒店的服务极为周到；索尼在显像管技术上不断创新，站在行业最前沿；飞利浦彩电则在集成电路上无人能出其右……

同时，一个地域与国家的自然环境资源、发展历史、文化造就了在某些产品领域的特别优势，如中国顺德是家电王国，瑞士手表与军用刀质量上乘，法国红酒、香水和时装引领时尚、德国名车驰骋世界……

善用被消费者认同的地域优势，可节省大量宣传成本。不少企业在妙用"地域与国家"的联想策略。比如，有许多让国人十分喜欢的法国服饰品牌其实是中国人近几年在法国刚注册的；不少温州服饰品牌都以上海品牌的面目公开亮相；东洋之花的生产大本营原在南通却宣传自己是珠海企业，因为化妆品是塑造美的，品牌联想中应有"温馨、柔美、细腻"等特质，风光旖旎、空气纯净的珠海的地域联想与此颇为神似……

概念无处不在，创意无处不在，我们要找营销传播的每一个细节，然后建立好的概念。比如上面谈到的几点，让我们的品牌更加丰富，整合的力量才能更加体现。总之，卖点创意概念提炼并没有固定的方法，它们全部隐藏在市场需求中。卖家只要深刻洞悉消费者心理变化，就一定能提炼出优秀的好概念。

2.4 "好名字"要符合终端消费者的大众口味

电子商务虽然已经不是一个新兴的行业，但是行业之间的竞争却非常激烈，对于新成立的电子商务公司来说，要想在众多竞争对手中脱颖而出就不能走错一步。

公司取名是领导者作出的重要决策之一，公司名称的好坏很大程度上决定着这个公司的广告宣传力度。比如阿里巴巴，思路来源于《阿里巴巴和四十大盗》的故事，而且几乎每个国家的人都知道，省去了大量的广告宣传费用。

◎ 2.4.1 好名字的特点

一个电子公司名称代表着企业形象，为公司取名是企业形象策划的第一步。一个好的公司名称应具备以下几个特点：好听、好记、好用、好意、好说、好看。

（1）好听：听起来舒服，就是好听。

（2）好记：有特定的记忆点、联想度和关联性，能暗示产品属性。比如韩都衣舍，一听就是卖韩版服装的；三只松鼠和良品铺子，基本上是卖零食的；春水堂就是卖两性用品的。

（3）好用：能够适合绝大部分场合，既能适应高端大气的环境，也能适应普通平常的场合。假设取名叫"小不点儿"，而卖的却是珠宝，这个名字虽然好记，但是很不合适，完全不搭调。

（4）好意：给人以正面联想，符合主流文化与产品特性统一，与市场定位吻合，与目标消费群体一致。所以罗永浩在给手机取名"锤子"的时候就很纠结，因为在四川一带，"锤子"是骂人的话。

（5）好说：朗朗上口，如果能够有一定的故事情节，有嚼头，成为人们茶余饭后的谈资，就会很有趣。比如一个影视团队的名字叫"跟屁虫影像"，比叫"××传媒"更能让人记住，每次在会议上只要人们看到带这个名字的摄影马甲，就会眼前一亮，变成谈话的开场。

（6）好看：品牌颜色和形状是否清爽、醒目、吸引人，是否符合产品特性，是否容易产生联想，有没有记忆条件反射等。

好名字不仅好记好用，而且还可以节省很多广告费，消费者一下子就能记得住。比如有个母婴品牌叫"莎莉娜斯"，很难记住，做品牌推广的时候，就得多花很多精力去宣传；但是另外一个品牌叫"十月皇后"，一听就知道是母婴产品，分分钟就能被消费者记住，这样在推广上可以省掉很多麻烦。

从内在和外在来看，总体可以概括为两点：

（1）从外在的信息看，名称要字音响亮、字义吉祥、字形优美，要文雅、悦耳、易记，奇特而不古怪、意新而不露骨，脱俗而又利于众人接受，要力避重名和不雅之名的出现。

（2）从内在的信息看，名称要符合行业产品特点，与所在地地名、法人、负责人姓名不可有冲突的地方，更要和法人、负责人的有关特点相吻合。从某种意义上讲，内在的信息起的作用更大。

公司店号、产品商标、品牌名称要内外结合，表里相配，才能使企业形象策划得更加完美。所以，运作公司，不可走错第一步。

◎ 2.4.2 好名字的规律

好的电子商务公司名字就是效益，通常我们去衡量一个人的格调有很多种方式，或从用词方式，或从发型打扮，或从抽烟姿态，或从肢体语言，或从打牌表现，或从对待财物的态度，不难略知一二。

在命名学中非常讲究品牌格调。这也可以反映出经营者的素质和经营头脑。公司取名高雅者，客户往往因心理的附加价值产生"相乘"效果，自然财源滚滚而来。

一个好的名字，方便记忆，利于传播。下面总结一些好名字的规律，中小卖家要尝试着给自己的产品取个好名字，而不是只有品类名。

1. 借用人名

如：李宁、康师傅、山姆超市、皮尔·卡丹、猪八戒网、汪小荷等。但是这种取名除非自己是创始人，一般并不可取，否则当这个名人出了问题，就会有负面效应。

2. 借助地域

如：西湖龙井、泰山特曲、中南海、长城机电、金华火腿、云南白药、上海故事等。借用地名最有优势的是特产，表明是当地独一无二的。

不过从销售的角度来讲，如果是电商，还必须得从这些地方发货，否则容易显得是伪劣产品。买了一盒西湖龙井，结果是北京发货；买了一个云南米线，结果是广州发货；买了一个冬虫夏草，结果是扬州发货，就会闹笑话。

3. 价值主张

如：同仁堂、居慢生活、行动成功、益寿堂、弘毅斋、知乐轩等。这种方式相对来讲，更多地适合于服务行业，或者是某种特殊设计的产品、国学产品等价值主张强烈的产品。

4. 功效命名

如：飘柔、汰渍、好记星、背背佳、珍视明、舒肤佳等。功能性产品大部分都会按照这个走向起名，基本上我们记得的日常用品大部分都是采取功效命名，直截了当，消费者一听就能知道卖的是什么。

5. 动植物、器物命名

如：小米手机、土豆网、锤子手机、人头马、黑人牙膏、七匹狼、小狗电器、天猫网等。这种命名方式是最近这些年非常流行的互联网命名方式，亲切接地气，并且可以很好地设计公司 VI 系统。

6. 目标寓意

如：好孩子、娃哈哈、蜜雪儿、九额娘、步步高、健力宝、万家乐等。这些都是根据特定的消费群命名，直接针对消费群，涉及到小孩、老人、孕妇、老母亲、老父亲这些特定的角色，是非常适合用这种形式去命名的。这些产品代表了比较好的祝愿。

7. 时空错位

如：国窖 1573、上海故事 1949、黄鹤楼 1916、2046 等。时空命名要么是为了凸显历史的悠久，要么是凸显某一个特定年份的价值，要么是体现对未来的某种预期。像食品类和科技产品类，或者某种纪念品，适合用时空法则命名。

8. 数字标记

如：555 香烟、999 感冒灵、3721 公司、8848 网站、4399 小游戏等，有些茶叶也会按照这种方式去标记型号。

9. 缩写命名

如：IBM、DPX 牛仔裤等。这种主要用于显示高端，部分服装或者一些科技产品可以参考。

10. 拷贝老外

取个英文名，或者模仿国际大牌。如"英皇天奴"模仿"华伦天奴"、"Youku"类似"Youtube"、"非常可乐"类似"可口可乐"等，包括一些化妆品、香水等，可以适当地用大牌风格，然后紧随其后。

11. 亲民俗称

如：好日子、老村长、老 A、红桃 K、三表哥等。这种大都适合于走亲民路线的产品，能够很好地加深和消费者贴近的感觉。

12. 引经据典

通常会掐头去尾，或者引用一句诗歌之类的方式。比如"迅雷"，迅雷不及掩耳之势；"成竹堂"，胸有成竹。这些可以从喜欢的一些典故、成语、歇后语、诗词歌赋中去节选。像"成竹堂"就是卖毛笔及相关用品的，效果非常好。

◎ 2.4.3 好名字的"歧途"

当然，在取名过程中，还应该规避一些容易产生误解误读的因素。

（1）不要耍文字游戏来随意堆砌、乱造单词或词组来作为公司的名字。

（2）多音字、多义字要谨慎使用。例如重、朝、乐、传、行等，多音字会带来识别不当，影响市场效果，如果选择不当甚至会造成误解或笑话。

（3）不要刻意修饰公司的名字，尽量让名字简单明了。简单，是最好的原则。起个玄妙的名字反而让人不明所以。名字简单的话，人们都知道怎么念，查找起来也方便。

（4）生僻字慎用。只要是笔画太多或者一般人不认识的，都要慎用。尽量让名字读起来很流畅，不要用一些生字、难字，让人根本读不出来。

（5）一定要注意起的名字有没有双关语，双关语如果使用不当会贻笑大方。双关语虽然好，但如果让人们联想到的东西与你的公司根本不挨边就不好了。

（6）不要用当下很时髦的字眼，或用一些时间性名词来作为公司的名字。当下时髦的词，最后会变得过时；一些有意义的时间名词也最终不再新奇，因为随着时间的推移，一切都会成为历史，变成过去时。

（7）"谐音"，但千万别"邪恶"。谐音取名是在取名过程中常用的方式。由于中国汉语的博大精深，取用字的谐音，的确可以具有"化腐朽为神奇"的意想不到的效果。这也是许多人愿意以"谐音"来取名从而达到追求创新、别具一格效果的原因。但是如果取谐音太过分，变得"邪恶"，反而会得不偿失，所以在取名时要谨慎使用"谐音"。

（8）切莫触碰习俗和法律红线。我国是一个多民族国家，有着不同的风俗习惯、民族信仰和禁忌，所以，在取名时应考虑到避免可能会有悖民族团结的事，避免选用有民族歧视的字眼。

（9）别忘了注册成为商标。重要的产品名，在取完名字后，一定要问一下商标注册部门能否注册。尽量使用可以注册的词，而不是自己觉得可以就贸然使用，等到用了一段时间发现已被注册或者注册不了，就晚了。

（10）在取名过程中还应严格遵守法律法规的规定，不得使用违反法律法规的名字，否则，只会自食其果，得不偿失。

2.5 三种产品定价，赢得消费者的青睐

◎ 2.5.1 确定价格目标

在目前阶段，还没有哪一家电商在毫无价格优势的情况下，仅靠用户体验或品牌就取得成功的。尤其对于中小型卖家，在生意初期阶段价格可以说是第一甚至唯一的驱动因素。而有效的定价策略，通常是从定价目标出发，考虑综合因素后对不同市场情况灵活选择的结果。

卖家首先要确定价格目标，只有确定价格目标并围绕其进行评估设计，才能保证采取的定价策略是有的放矢的。制定价格策略时，一定要弄清楚自己店铺或企业现阶段最需要达成的目的是什么，是利润最大化、占据市场份额、预期投资收益，还是维持生存运转。

1. 利润最大化

利润最大化是最常见的目标，但是它并不意味着简单提高销售价格，而是更注重用户细分及创意促销。比如筛选出目标用户，高价限量发售，打造稀有感和仪式感；或是细分市场，在某个时间点或对某个群体提供特殊定价，刺激规模消费。

2. 占据市场份额

占据市场份额通常采取的就是低价策略，以达到短时间内提高品牌知名度或者挤垮竞争对手的目的。

3. 预期投资收益

预期投资收益是指当有资金投入时，资本通常预期在几年内收回、盈利，这样的预期投资收益周期和数额在投资策划时就已经预定好。预期投资收益一旦固定，也就确定了为达到这一目标的产品价格。

4. 维持生存运转

在市场环境发生变化或竞争对手采取价格战时，企业有可能会出现产品积压滞销、资金周转不灵等危机，这时适宜采取降价策略，清仓变现，维持企业运转。

◎ 2.5.2 定价的决定因素

定价的决定因素主要有以下几个。

1. 成本因素

明智定价的前提是要清楚自己的实际综合成本。一般来说，电商卖家的实际成本包括：进货成本、物流成本（快递成本、破损率）、售后维护成本（退货、换货、破损率）、其他综合成本（人工成本、物流包装成本等）。

另外，入驻电商平台的卖家还要加上平台推广成本、平台年费等。作为资金实力不是特别雄厚的中小卖家，对于商品的推广投入成本应该谨慎并且有非常详细的预算，一般建议是"（产品进价＋物流成本）×10%～35%"。如果超过40%，运营压力会非常大，相当于店铺本质上长期处于亏损阶段了。

2. 市场竞争因素

市场竞争因素也是影响产品定价的关键因素，采取根据市场上同类商品竞争结果的可销零售价格反向推算自身价格的定价方法会比较稳妥。

比如，在淘宝等大型电商平台选择自身的产品类目，统计搜索页面前10页的产品价格做一个平均价格水平调研，再综合自身成本情况进行定价。一般而言，在自身产品没有显著溢价能力或差异化优势的情况下，中等偏下的价格水平最具市场竞争力。

如果有条件，还可以针对消费者进行定价测试。比如为产品制作两个引导页，页面的内容完全一样，只是价格不同。在一段时间之后，就可以知道哪个页面的销售成绩更好，从而选择出合适的价格。

3. 品牌调性与目标客户因素

卖家产品的品牌文化是什么、定位是什么、面对的目标客户群是什么，这些都影响着产品的定价。根据产品品牌价值确定合理的目标客户

群,了解他们的平均经济水平、消费观念、价值偏好、喜欢的价格区间等信息,能够让产品的定价更符合实际,更易获得认可。

◎ 2.5.3 三种定价的好方法

那么,到底该如何定价呢?下面介绍三种定价方法。

1. 基础定价:成本定价法

成本定价就是以产品的生产成本和销售成本为依据,再加上一定的利润制定出的销售价格。这是最简单也是目前被广泛应用的一种定价方法。大多数公司是按成本和利润率来进行定价,主要步骤为:

(1)估计生产成本和包装、物流成本;

(2)估计人力成本和运营成本;

(3)将上述(1)、(2)项加上其他成本和按目标利润率计算的利润额,得出售卖价格。

简单来说,就是每个产品的生产成本,加上人工、物流、场地、租金等成本,得出一个持平不亏损的价格,再加上一定的利润,就算是销售价格了。

这种定价计算方法只要能卖出一定量的产品,保证没有太大的库存,就能盈利,简便易行。

根据完全成本加成定价法,能够保证公司所耗费的全部成本得到补偿,并在正常情况下能获得一定的利润。同一行业的各公司如果都采用完全成本加成定价法,只要加成比例接近,价格就相对透明。

但是,这种定价方法是典型的生产者导向定价。现代市场需求瞬息万变,竞争激烈,产品品类日益增多,只有那些以消费者为中心、不断满足消费者需求的产品才可能在市场上站住脚。因此，完全成本加成定价法在市场经济中，只能处在食物链的底层。

企业必须密切关注市场，只有通过对市场进行大量调查和详细分析才能估计出比较准确的需求价格弹性来，从而制定出正确的产品价格，以增强公司在市场中的竞争能力，强化利润。

所以，建议中小卖家把这种典型的生产者导向定价法当作用来估算自己风险的方法，同时再寻找进阶定价的方法。

2. 进阶定价：消费者认知定价法

消费者认知定价法是根据消费者对这个行业和对这个产品的外观、功能的感受来判断消费者的心理预期价格，或者消费者对某个价格段的价格需求而上下浮动价格的定价方法。主要有三种方法。

（1）营造销售氛围和知名度，迎合消费者的主观认知来定价

很多产品的性能、质量、服务、品牌、包装和价格等，在消费者心目中都有一定的认识和评判。消费者往往根据他们对产品的认识、感受或理解的价值水平、综合购物经验、对市场行情和同类产品的了解而对价格作出评判。

当商品价格水平与消费者对商品价值的理解水平大体一致时，消费者就会接受这个价格；反之，消费者就不会接受这个价格，商品就卖不出去。

同样的产品，在不同的地方售卖，价格也会不一样。不同社会知名度的产品，同样的价格，售卖情况也会不同。

这就能解释很多设计师一直在研究的课题：如何让同样的产品在不同的页面呈现，以及让同样的产品在不同的包装情况下把价格提高2倍以上依然可以卖得很好。

（2）根据市场空白定价

找到一个有一定客源，但是产品较为稀缺的价格区间，直接在这个价格区间售卖你的产品。这种定价针对性强，既能抓住一部分客户，又能与竞争对手避开正面价格冲突。

假设你是卖耳机的，同时假设市场上从9.9元到59.9元这个价格区间，唯独49.9元价格的耳机没有太强的竞争对手，甚至没有竞争对手，那就定这个价格，只要产品的基本成本在40元以内，都是可以考虑的。

所以，要找的这个空白定价，要用原始的成本定价估算，以不至于亏损。

（3）竞争导向定价

通过研究竞争对手的生产条件、服务状况、价格水平等因素，依据自身的竞争实力，参考成本和供求状况来确定商品价格。

比如同一件产品，A商家卖199元，B商家卖190元，并且在成本的控制上B比A好，B卖190元跟A卖199元的利润是相当的，那么，B获胜的概率极大。不过这种"耍无赖"的方法最好不要用。

如果卖家的产品永远比对手的相同产品价格低那么一点点，页面呈现和服务体验等同或高那么一点点或者找到对手的薄弱环节，打击对手的缺陷，让自己的产品永远比对手卖得贵一点，并且在服务上面狠下功夫，让客户体验提升，那么消费者依然会愿意为这点价格差埋单。

要么贵一点点，要么便宜一点点。怎么做都可以，关键是看谁的执行力和服务体验更好，谁更能赢得消费者的心。

3. 高级定价：品牌估值定价

据媒体报道，苹果的成本居然只占其价格的22%，利润高达78%。这样看来，苹果定价绝对是贵得"离谱"。但是苹果依然有强大的粉丝群，连夜排队抢购者不在少数。苹果产品以其那种"体贴的感知""精致的美感"等感知和心理等难以衡量的内容定了价，这就是品牌估值。

每个消费者对其所购买产品的体验权衡都不同。对苹果来说，价格不再是小心翼翼地在围绕"已知的成本"和"有限的利润"打转，而是品牌估值。概括起来一句话：消费者能够接受的卖家的最大化利润的定价，就是最好的定价。

◎ 2.3.4 定价小窍门

除了以上三种"厚道"的定价方法外，卖家在定价时还要应用"窍门"，要善于利用定价的"数字陷阱"和"表达圈套"。

1. 数字陷阱

商品定价必须懂"数字"。

（1）尾数

尾数定价，往往给追求实惠的人造成一定的假象。

尾数定价是利用消费者在数字认识上的某种心理制定尾数价格，使消费者产生商品价格较廉、售价接近成本等信任感。

标价 1000 元的商品，绝对要比标价 991 元的产品难以按标价出售。原因就在于消费者不相信产品的成本与合理利润之和正好等于 1000 元；而 991 元可能让消费者产生如下想法：看来这家商店的标价还挺真的，不然为什么不写个 990 元，还加 1 元干什么。

很多日用品超市里，几乎找不到标价为整数的商品，每件商品都带小数点。如果碰上喜欢讲价的顾客，即使给他优惠小数点以下的价钱，顾客也会很满意，因为顾客感觉自己被让利了，自己赚到了。

目前，这种定价方法在大型百货商场中被普遍运用，但在使用尾数定价法时，价格尾数应当使用吉利数字（如6、8、9），这样更可给消费者一个标价真实的感受。

299元、399元、1999元这样的定价也属于营销策略，给人的感觉是不到300元、不到400元、不到2000元。虽然很多人都可以理解299元和300元差别只有一元钱，但是带给人的心理感受是不同的，299元和300元造成的心理差价可能是100元。

举个例子，如果定价是1999元，顾客会觉得很便宜，但如果定价为2001元，顾客会觉得价格上了一个台阶，但是，实际上只差了2元。但是对于目睹这个价格标签的时候，"1999"这样的非整数的定价所带来的诱导作用可以说是巨大的。

（2）奇数

偶数和奇数相比，奇数显得具有逻辑性，偶数则相对缺乏信任感。

奇数具有被赋予理性和逻辑性的特点，如：三人行必有我师、五彩缤纷、九九归一等，在问题罗列里通常是3项、5项、7项或9项等，出现2、4、6等偶数项容易让人感觉随意、不严谨。

偶数经常被赋予美好期待，更具有情感色彩。比如：成双成对、四通八达、六六大顺、十全十美、十分满意等，这些偶数词显得更具人情化。

所以，卖家在零售定价时要尽量选用奇数开头或结尾，这样更能让消费者产生信任感。而相对于拍卖、竞价等彰显身份的价格，可以有666、8888等这样全偶数的数字。

除了在定价上，在做广告用数据举例时，最好结尾的数字也是奇数，这样会显得很真实，让人感觉值得信赖。如卖家说有167个顾客给了好评，要比说有168个顾客给了好评更能让人信任。

数据的相对真实是为了赢得消费者的信任,所以卖家应该在恰当的时候选用恰当的数字,是选用奇数还是选用偶数要根据具体情况而定。

2. 表达圈套

说完数字陷阱,再来说一下表达圈套。

(1)一口价

价格制定得合理与否,不仅关系到卖家的利益,也关系到消费者的切身利益与购买力。所以,卖家在对产品进行定价时都面临着一口价还是议价的选择。

讨价还价或者对价格持有怀疑态度是一件烦人的事情,而一口价干脆简单,很好地解决了这个问题。

产品定价方式不外乎一口价与议价,一般来说电商定价一般是不存在议价的,只存在打折,但是也有的店可以议价。

一口价相对于议价来说显得更正规,给人一种诚信的感觉。一口价简单来说有以下优势:

①有利于建立和维护品牌形象。特别是高档品牌,有的甚至从不打折,目的就在于维护品牌形象。越是这样的品牌,越是定价高而且从不松价,那砍价也无从说起。这一点,对于大多数中小卖家来说,其实是没有必要的。

②容易管理。如果不是一口价的店铺,就会出现店员自主销售的产品价格存在差距,甚至会出现一些互相不信任的危机。

③显示公信力,留住老顾客。

④节省交易时间。如果顾客容易以砍价为乐,并且从不嫌麻烦,那么回头会比较难,而且对店家客服的耐心是极大的挑战,对付这种顾客对于客服来说很棘手。这在生意好的时候可能不是什么大问题,但要想

长久稳定地经营，这简直就是一个挑战。甚至可能哪天客服心情欠佳，会直接影响到讨价还价能力的发挥，从而影响店里的营业额，店主的精力也会极大地花费在如何与顾客"斗智斗勇"这一方面，不便于持续做大。一口价定价就可以减去和客户讲价的烦恼。

（2）运用小单位定价

小单位定价显得便宜。顾客对价格是最敏感的，因为价格代表着腰包里的钱的支出，要让顾客感受到只从他腰包里掏了很少一部分的钱，而不是一大把，这是最好的。

价格分割是一种心理策略，卖方定价时，采用这种技巧，能给买家造成产品更加便宜的心理感受。

例如，茶叶每千克500元报成每20克10元，大米每吨10000元报成每千克10元，售价4000元以上的CRM改成1个账号一天1块钱，对小公司的吸引力就非常大。

小单位定价利用了消费者的心理错觉，使消费者误以为价格低廉，而实际生活中消费者很难也不愿意换算出实际重量单位或数量单位商品的价格。

如果把定价当作是行走江湖的话：基础定价就像扎马步，打基础，跟一般的小混混打架没问题；进阶定价时有了一本武功秘籍，运用一招半式可以和轻浮剑客一决高下，奠定江湖地位；高级定价是该有的腥风血雨都有了，可以统领江湖，不用和谁比武，也没有人敢来轻易挑战，自然是一方盟主。

定价是一门持续变化的学问，每一个公司的不同产品的同一阶段，同一产品的不同阶段，不同产品的不同阶段，都不能仅仅只用一个方法去定价。总的说来，中小卖家要充分考虑当前和以后的价格发展趋势，围绕自身经营目标灵活、理智地定价，才是最有保障的做法。

第3章 店铺规划：让转化率飙升

好的店铺视觉体验可以提高店铺转化率，加强店铺访问深度，增加停留时间，减少店铺跳失率，增加回头率，增加溢价过程，增加品牌无形传播等。

相反，差的视觉体验缺乏统一的视觉元素，客户无法感触到品牌调性，最终陷入价格纠结。

3.1 店铺产品规划，利用四大款式吸引顾客

在消费群体的基础上，可将店铺产品结构分为四种，即：引流款、利润款、活动款、形象款。

1. 引流款

"引流款"顾名思义就是主推吸引流量的产品。众人皆知流量对于线上店铺的重要性，既然是主推就必然是流量来源最大的通路。这部分产品的特点是毛利率趋于中间水平，产品转化好，相比于类目属性环境下的竞争对手，有价格或其他方面的优势，从而更利于占领"豆腐块"的位置，后期可带来较大的免费流量。

其实"大众"跟"个性"之间本来就存在一个矛盾，引流款一定是目标消费群体里面绝大部分消费者可以接受的产品，而非小众产品。

在选择引流款时，应该做产品数据测试，初期给予产品比较小的推广流量，观察数据状况，选择转化率较高、地域限制较少的产品。

2. 利润款

"利润款"应该占产品结构中的最高份额。做企业无非是出售实物产品或者服务产品，而销售的目的就是赚钱，因此利润款也应该占实际销售中的最高比例。

利润款应适用于目标消费群体里面某一特定的小众人群。这些人追求个性，因此，这部分产品突出的卖点及特点必须符合这一部分小众人群的心理。

利润款前期选款对数据挖掘的要求比引流款更高，卖家应该精准分析小众人群的偏好，分析出适合他们的款式、设计风格、价位区间、产品卖点等多方面因素。

推广方面需要以更精准的方式进行人群定向推广。卖家在推广前同样需要少量的定向数据进行测试，或者通过预售等方式进行产品调研，以做到供应链的轻量化。

3. 活动款

"活动款"顾名思义就是用于做活动产品。首先要明确一点：品牌商为什么做活动？是为了清库存、冲销量还是体验品牌？从这三个维度出发得到的是截然不同的结果。

库存多半是一些陈旧或者尺码不全的款式，必然牺牲客户对品牌的体验，因此，低价是弥补客户心理的一个很好的方式。比如当当网有一个"尾品汇"，会提供一些产品库存款1～3折的抢购。

在这个过程中，消费者可能会发现通勤风格的鞋子款式更新比较慢；线下的鞋子相对于线上而言价格较高；与此同时，消费者的尺码恰好属于非常大众的尺码，即使断码也经常可以找到好的款式。以上三个因素就会促使消费者喜欢上这种购物方式。

品牌商做活动的第二个原因就是冲销量，这在一般情况下是基于平台成交额基础要求、部门的KPI考核、三方运营合作公司完成业绩指标等原因。品牌商要注意的是活动期间的客户体验，切勿对品牌产生负面的影响。

最后一个原因就是让消费者体验店铺的品牌，这才是"活动款"应该产生的作用。有的店铺搞"聚划算"活动，但是到头来并没有多少买家成为他们的回头客。

导致复购率低的直接原因就是：店铺没有明确规划它们的活动款。活动款的选款应该是大众款，但定价绝非低价。因为要让顾客看到基础销量的价格与活动折扣的落差，从而让顾客产生购物的冲动，因此需要一个较低的折扣。

活动款应该是整套产品结构中利润率最低的产品。如果店铺渴望依靠活动款赚钱的话，那店铺卖家又将重新走回之前说的"卖货"的行列，并逐步进入"非活动不走量"的窘境。

现在在淘宝和天猫平台上，很多活动产品的销量是不计入主搜排序的。因此，活动仅仅作为让外界感知店铺产品的一个通路。那么活动款就一定要在活动期间放弃产品的利润，成为让客户感知店铺产品的理由。

与此同时，做好后续的售后跟踪，更能够提升活动后的复购率。记住：贪图便宜购买产品的，一定不是店铺最终端的目标客户。活动产生的客户复购必然仅仅为一小部分，因此给原有老客户提供优惠及福利，是店铺做活动的另外一个理由。

4. 形象款

"形象款"类似于一个城市的"形象工程"。人们在马路上看到一些建筑可能会感叹：花了纳税人这么多钱，却没有什么使用价值。但正是这些没有使用价值的产品提升了城市的整体形象。

形象款的意义——让你会驻足与期待，但它高不可攀。形象款应该选择一些高品质、高调性、高客单价的极小众产品。可以有3～5款，适合目标消费群体里面的3～5个细分人群。形象款仅占产品销售中极少的一部分，店铺可以仅保留线上产品处在安全库存中，目的就是提升店铺的形象。

总而言之，店铺打造引流、利润、活动和形象四款形式，可以大大提高产品的转化率，让店铺获得更多销量。

3.2 店铺页面规划，第一眼很重要

在网上，消费者对产品以及店铺的了解最主要是通过店铺页面的呈现并结合自己的想象来最终决定是否下单，所以店铺页面的视觉呈现尤为重要。有不少通过视觉感受成功的案例，例如服装行业的七匹狼、韩都衣舍，化妆品行业的御泥坊等。

一个好的页面呈现能够提升品牌形象，激发顾客的购买欲，而一个糟糕的页面会让顾客毫不客气地关闭页面，造成顾客流失。

◎ 3.2.1 店招导航栏

顾客进店后能给其留下的第一印象，并且是一家网店流量最集中的地方，就是店招，尤其是导航栏。因为消费者点击任何一个详情页，它都会出现在最上方。店招不仅能体现出一个店铺的形象，买家也会从网店的装修来看卖家的用心和诚意。

店招就是店铺的招牌，永远屹立在每个页面的最上方。导航栏是店招的重要组成部分，它主要负责分类及链接各个页面。店招上的内容，可以因时而异，经常变动，但是导航栏的内容则变动较少。它体现了店铺的形象定位和主营方向。

一个好的店招具有以下几个特点。

1. 风格统一，主题鲜明

店招风格也就是店铺的风格，不管是背景色还是内容，都必须让顾客一眼能够看明白店铺卖的是哪些产品，这样才会提高转化率。

2. 重点突出

LOGO、店名和收藏店铺，其实往往不是最关键的，这三样只是作为一个必要的装饰品。真正应该突出的是最近正在推的爆款或者活动，蓄意让买家点进去浏览，让买家延长停留时间，产生更好的黏度。

3. 实时更新

店招上的空白部分，大部分应该用来做店内的"钻展"，这个"钻展"可以引流到某一个店铺最想呈现的页面，以增加买家的购买概率。

店招应该根据店铺运营的需要，适时进行相应的更新，可以推送单品，也可以推送套餐，还可以享受到活动或者促销优惠信息，一切都是为了提升买家的购买欲望，增加提升转化率的可能性。

4. 合理分类，优化布局

好的店铺的导航栏上都有哪些分类？

不同的行业可能分类不同，相同分类的有首页、所有产品、品牌故事、产品分类、会员制度等，还可以根据自己店铺的实际情况设置各种活动分类，比如秒杀和热卖等。

可以在每一级的类目的字体、大小或者颜色等方面突出一些区别，或者动态展示。如果店内单品较多，各个产品差异化明显，还可以追加一个搜索框，用于店内搜索。

如果店铺的单品比较多，比如图书，那么一定要在显眼位置设置一个搜索，让顾客可以实现店内搜索，以确保不会跳到其他店铺。

5. 文案趣味生动

广告语需要考究，导航栏的分类文字也需要考究。可以适当地在店招和导航栏上加入一些趣味元素，如儿童系列的产品可以在上面加入一对母女的趣味对话。设置悬念，然后让消费者点击超链接到承接页面，加深消费者的兴趣，刺激消费者的购买欲望。

◎ 3.2.2 店招海报图

如果从人类的视觉习惯分析，打开一个店铺的首页，人们的视线第一时间都会停留在店招下面的海报图上，而顾客看到这个图之后的1～2秒钟内就可以决定是继续往下看还是关闭页面离开。海报图对店招来说尤为重要！

此时导致顾客去留的关键因素就是店铺的色彩搭配与整体风格。人类对色彩是非常敏感的，色彩在人类视觉上占90%的引导作用，合理的色彩搭配会让人觉得舒适、对店铺品牌和产品产生认同感，而杂乱无章的色彩会导致顾客产生厌恶情绪，所以色彩是个极为重要的因素，店铺一定要注意色彩与产品之间的搭配。

怎样的色彩搭配才算是合理的？首先，必须根据自己的产品与风格定位一个主色调，其类似色、邻近色占比80%左右，其他搭配色彩占20%，且搭配色一定要跟主色调有一定的联系，通常情况下不要用主色调的对比色来进行搭配。

有研究表明，一张图片如果颜色超过三种以上就会让人开始产生杂乱感。这是很多店铺会犯的错误，色彩过于丰富，凸显不出主色调，甚至会用到很多对比强烈的反差色。顾客面对这样的页面会感觉到很不

适，自然就没有耐心继续看下去。

反差色的使用一般情况下是用在产品标签上，用来凸显产品的促销信息、新品、爆款等字样，这个时候用反差色通常会起到非常好的效果。但是必须注意的一点就是标签上切忌写过多的信息，一般标签上写一种信息即可，最多不要超过两种，若达到三种以上顾客可能就不知道到底凸显的是什么，也就起不到标签应有的效果。

除了色彩之外，产品风格的搭配也很重要。比如韩版的女装就不能用欧美的模特，欧美风格的女装就不要把网店装饰得很可爱，不然会让人有一种外国人穿戏服的感觉，显得不伦不类。

图片上文字的表现方式也要重视，字体需要与店铺风格相搭配。如韩版女装选用偏可爱型的字体，而欧美风格的服饰则可以挑选偏硬一些的字体，字体的颜色上也要考虑到色彩搭配的问题，事实上可以把文字看成是图片的一种，将其当作图片来处理。

做好店招最重要的方式是根据自身需要，找到3～5个和本行业有类似属性的行业，去研究它们的类目前十是如何设计自己的店招的，它们店招的每一个部分为什么服务，它们店招的色彩和排版构图的主次和内在逻辑是什么，要取其精华去其糟粕。

◎ 3.3.3 详情页

店铺详情页也可称为页面的引导页、明细页、产品介绍页。网络是一个大型市场，里面的页面信息会有很多，可以结合产品不同的细节点或说明设置或拼接不同的页面信息。

一个好的产品会给商家带来很大的商品效益。那么产品详情页要怎样体现呢？只是简单的产品图加文字说明，还是不一样的页面设计？

当然，具有自己独特的店铺页面设计才会让消费者对店铺有深刻的印象。详情页的信息量很大，一定要优先提炼出顾客最关注的信息作为重点描述，放在页面的前几屏表示出来。

一个好的详情页页面，应该是尽可能地节约买家时间，而不是让买家费时间和精力去找。买家的耐心是有限的，也最不愿意花时间去找，甚至会直接关掉当前页面。这样店铺也就丢失了客户，牺牲了订单。

现在很多详情页要么就是大堆的照片，要么就是各种好评截图，而且很多是店铺自己修图修出来的，各种人气、各种热卖、各种PK。在电商一步步走向成熟的过程中，这些自夸的效果会渐渐淡掉。

详情页的描述是否有效，不仅仅是看内容的完整性，重点在于描述页中的各个内容的展示顺序及阅读逻辑。而且，经过数据统计，详情页的前五屏转化率最高，因此特别要注意前五屏内容的呈现。

详情页的描述最关键点是站在消费者的角度去思考，了解他们关心什么，然后对症下药。顾客买一件产品，最关心哪些问题？先把顾客所关心的问题整理清楚再去思考其他因素。至于品牌、情怀等，随着时间的推移和老顾客的沉淀，自然而然会形成。

要找到消费者关心的内容，可以通过聊天记录和售后反馈，以及从同行的描述、评价中获悉。

搞清楚消费者关心什么之后，还要注意一定的表达技巧。合适的内容设计会让产品体现的价值更高，而更好的表达技巧可以让产品更加美观和吸引人。

1. 详情页的内容概览

店铺详情页直接决定着商品的成交与否，因此详情页不能太简单也不能太繁杂。一般把详情页分为以下六大必要部分。

（1）促销说明（热销产品、搭配产品、促销产品、优惠方式）

促销信息要明显，字体要放大，颜色要突出，价格设计得足够诱人，也就最能吸引消费者眼球。

（2）吸引购买（卖点打动、情感打动、买家评价、热销盛况）

头图也就是整个详情页的品牌形象图是至关重要的，占主要地位。因此，品牌形象图一定要给消费者留有深刻的印象。

一个好的品牌形象图，要包含品牌产品、产品名称、产品卖点。结合产品卖点制作品牌形象海报图，加入契合产品功能性的背景，以情感互动的形式才能更能打动消费者。

还要注意字体的使用规范，一般正规的品牌都会有自己的字体库，以及字体的使用规范。一个好的品牌，图片的使用也是需要特别注意的，卖家通常都会有专用的素材网站，以及专用的素材购买版权。

（3）商品展示（色彩、细节、优点、卖点、包装、搭配、效果）

列点阐述，根据产品卖点结合素材图进行图文结合设计，要时刻注意文字使用规范，大小标题统一，重要卖点突出，才能保证整体卖点的统一与连贯性。

（4）实力展示（品牌荣誉、资质、销量、生产、仓储）

用图片的形式列点展现产品的卖点，清晰明了，使得消费者对产品有一定的信赖。运用地图的形式展现原料的生产基地，凸显产品的高品质。以图片的形式展现，能够有效减少消费者的视觉疲劳，加上色彩的巧妙运用，从而使消费者对产品感兴趣，才能提高购买力。

（5）温馨说明（使用方法，温馨提示）

温馨的提示，使用方法的解说，简洁明了的排版都是必需的。如母婴商店运用卡通形象,更能让枯燥的说明变得生动,简单且通俗易懂,这样消费者更愿意接受。

(6)交易说明(购买、付款、收获、验货、退换货、保修)

交易说明能够加深顾客对浏览页的信任,延长停留时间,从而有利于购买率的提高。

2. 详情页的设计原则

讲了详情页的逻辑关系,那么其设计原则又是什么呢?

(1)造型美观,构思新颖,色彩整体统一

这样的店铺不仅能够给人一种美的舒爽享受,而且能使顾客产生信任感。

(2)能表现出店铺或产品特色

可爱元素的运用,品牌形象图的加入,字体的规范使用,标准色的统一,都在展现产品的特色与文化。

(3)简单明显

店铺所使用的文字、图案和符号都不应该冗长、繁复,应力求简洁,给人以集中的印象。

那么,所有类目的产品详情页是不是都应该统一用这样的排序呢?当然不是,不同的商品千差万别,不同类目、品牌都有其不同的特征,应当按照产品的特征作为定位,制定详情页的逻辑方向,根据卖点详细说明。所以,在使用过程中要因地制宜、因时制宜、因物制宜。

3. 详情页的具体设计方法

那么店铺应该怎样做好详情页呢?下面来探讨一下。

(1)核心卖点突出

每个产品都有一个核心卖点,其余的卖点为佐证卖点,要言简意

贱，仅仅围绕主题，不样样突出，页面也不要过长。

卖点必须和客户想要的相符，如果在设定卖点时，都是围绕产品在设定，而跟用户内心深处想要的结果不相关，那是无法产生购销转化的。所以，卖家需要分析买家的需求，根据买家的需求从而设置出和买家想要的一致的感觉。

核心卖点要简明扼要，如果卖家的卖点只可意会不可言传，甚至不能用一句简单的语言表达清楚优势，那这个就不是核心卖点。

比如有一个服装卖家，一个款式有14种颜色，所以每种颜色都放三张图，再加上模特图，看完一个描述页面需要花费好几分钟的时间，其实这就没有抓住重点。卖家完全可以只展示一款主推产品，其他的做一个并列展示就可以。

（2）图文并茂，页面真实

详情页的描述尽量少用大篇幅的文字，文字主要是画龙点睛，能用图片表述的，尽量不要用文字。但为了方便SEO，让系统抓取一些关键词，可以用页面的底色在页脚铺设一些关键词，但是一定不要影响美观。

特别要注意，图片的选择至关重要，一定要用一下子能抓住眼球且应景的图片。能原创的尽量不要用素材图，如果被投诉侵权盗版，最后删除也是得不偿失。

素材图主要用于快递、客服、工厂三个方面，因为对于产品本身每个卖家都会自己拍图精选，但是忽略了物流、客服和工厂不好拍的照片。如果快递不帅、客服不靓、工厂很破，且消费者不在乎这三方面，详情页可以不要这些内容；若必须需要具备这三方面内容，这些图片要尽量自己实拍。

（3）妙用故事

众所周知，读小说比读散文更引人入胜，读人物传记比读任务讲话更快更有效,大家都更偏爱小说和人物传记。所以,如果把产品的生产过程或者使用过程能够用一些故事来串联,或者用几个真实的故事来见证,一定会打动很多消费者。

好的故事很有可能把店铺的缺点变成优点。比如一个做印章的卖家在宝贝描述里没有任何一张素材图片。但是这个卖家讲了一个故事,说自己虽然在小城市做了几十年的刻章,但是手艺人越来越难生存,有懂网购的朋友帮忙开了一家店,他独资经营,所以没有设客服,并且手刻比较慢,一般要三天才能发货。

他选用的图片都是选材料、刻章现场、琳琅满目的作品、发货打包、最后和几个顾客聊天的截图图片,这些图片很受顾客信赖。而且凡是购买过他网店商品的顾客,都收到了他的复印亲笔信,亲笔信里还讲述了他自己的故事,字也写得很好。

一个好的文案和策划可以直戳人心,引起顾客的共鸣。好的故事就是根据消费者的心理诉求,再结合行业实际策划出来的。

(4)别出心裁

别出心裁是相对于同行来说的,所以要先研究同行。如果别的卖家都用外模,而有一个卖家尝试用内模或者用假模;或者别的卖家都用实拍照片,而有一个卖家尝试用几张动漫或者素描;或者别的卖家都说竞争者的缺点,而有一个卖家却说竞争者的优点……那么这个卖家就是别出心裁。

别出心裁还可以体现在色彩、字体和线条的运用上面,差异化的表现会让详情页的描述使人眼前一亮。色彩、字体和线条是构成店铺装修非常重要的因素,再辅以摄影风格,就能形成鲜明的特色,让顾客记住并让一定的顾客群产生好感。

每个卖家都应该把自己行业里面最大的三个竞争对手的优点和缺点找出来，并且根据它们的优缺点来优化自己，根据它们的详情页的描述逻辑来完善自己的描述逻辑。

（5）运用视频或动态图

视频在很大程度上会带给人即视感、真实感，这就是为什么有的商家拍的视频烂，但是卖得很火。视频课可以是实拍的，可以结合动漫，也可以做沙画，形式多样，只要重点是传递消费者最在乎的东西就可以。

比如一个行李箱的卖家，借用"暴力测试视频"杀出重围，抢占了"豆腐块"。从楼上往下摔来测试耐摔性；在崎岖的路上拖动行李箱来测试方向轮；往箱子里装80千克的石块来测试提手的坚固性；让人站到行李箱上来测试箱子的坚固性；在行李箱内放上纸巾，再把行李箱放在水里面一分钟来测试防水性；反复拉拉链来测试拉链的质量……

整个视频并没有特别的特效，简单真实，大部分都是一镜到底，但是对转化起了很大的作用。

除了用视频外，也可以使用动态图。像户外手电筒、对讲机、塑料杯等，都可以通过动态图来展现产品的特点。

（6）灵活互动

一个好的页面能够引导消费者与其互动，或者页面与页面之间的互动，一旦消费者参与到有趣的互动中，就会大大增加成交的可能性。这种互动可能是游戏竞猜，可能是抽奖，也有可能是关注某个账号……

互动并不意味着消费者必须咨询客服，毕竟消费者默默下单、默默确认收货是最好的结果。互动的目的是为了增加买家咨询率、提升客单价的可能性。

像京东、聚美等平台更看重静默下单和平台的自营，那么自己店内的互链就要放在很重要的位置，因为平台本身就不太乐意把它们手下的店铺作为一个重要的点去推，而是看重店铺的单品，所以只能靠自己给自己增加访问深度和店内循环流量。

一个好的详情页一定是在前面就抓住消费者的要害、痛点，而不是自说自话。有一些网站，例如美丽说，为了提升客户体验，隐藏了部分详情，详情下面就是购买评价和买家秀的实时更新部分。所以，详情页一定要尽快抓住消费者，少说废话，不是展示得越多越好。

◎ 3.3.4 主图

前面提到店铺产品结构包括引流款、利润款、活动款、形象款四种，而主图分工与产品结构有异曲同工之妙，主要有六种。

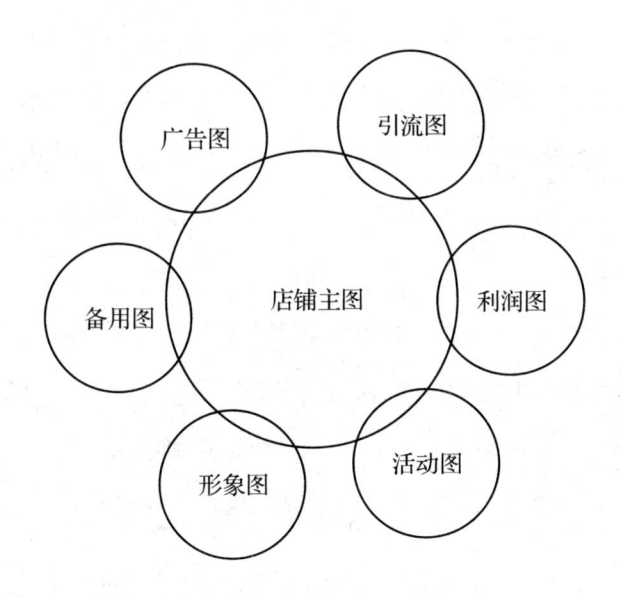

1. 引流图

无论是搞笑的"恶搞图"或者是动漫图，实物图，美女图，二次元

图……一定要能让消费者感兴趣,让消费者有种想到店铺的详情面查看的冲动,不看就觉得心痒痒、手痒痒,这样流量这一关才算是迈进了。

总之,第一张图的功能就是要充分调动顾客的神经,让顾客进入店铺,进入详情页,其余的事情就交给其他图。

2. 利润图

利润图主要展示产品的核心卖点,所谓核心卖点也就是痛点,是基于心理感受对比的体验营销的重要手段,往往是客户购买的最直接理由。

痛点是触动、感动、打动用户或者客户,是让其为之行动的要害点,简单直接。痛点往往是刚性需求。让顾客苦恼、担心的就是痛点,直白地说,就是顾客急需解决的问题。

3. 活动图

活动图主攻优惠,这里的优惠可以是活动公告信息,也可以是优惠政策宣导,还可以是赠送礼品的诱惑。总之,要看起来给消费者有一些好处,给顾客带来相应的刺激,让其立即产生满足感,考虑直接购买还是放入购物车。

4. 形象图

如果平台允许有字幕,那么形象图主要是展现品牌实力,或者销量的多少,或者评价的好坏。形象图摆出事实与数据,让产品显得熠熠生辉、形象高大,让顾客觉得有爆点,值得尖叫和炫耀。

比如使用"热销 13852 件""上市公司投资""和耐克统一流水线生产"之类的词语。

如果平台不允许有字幕,那么可以用非常漂亮的包装,或者非常美妙的开箱体验,或者使用该产品时高端大气、引人入胜的场面等,这些都会让顾客感受到刺激，感受到满足，从而提高购买率。

5. 备用图

备用图的作用是主攻差异化。每个产品，从某种意义上来说，都是独一无二的，就像这个世界上没有两片相同的叶子一样。差异化可以体现在产品的细节上，也可以体现在售后服务上，还可以体现在物流快递上。总之，将可差异化的点展现给消费者，让消费者觉得值，增加消费者的购买决心。

当然，每个类目和平台都有不同的要求。比如，某个做定制门牌的类目，五张主图就可以这么做：第一张做漂亮的产品引流，第二张突出质感和卖点，第三张体现应用场景，第四张显示优惠或满减、包邮等优惠信息，第五张展示工厂实力、当天发货等。

6. 广告图

广告图也尤为重要，比如直通车图和钻展图。广告主图更多的是一款海报，好的广告主图，包括引流主图在内，最重要的是创意，除了很多做得像AV一样的淘宝直通车图外，还有其他很多的创意规律。

（1）时事热点

广告图运用时事热点，把目前最热、最主要的事情呈现在广告图上解析，让关注此事的消费者不自觉地点进去了解。

中小卖家一般不会拿政治事件开玩笑，同时，时事热点也并非全是政治。比如某明星的"上头条"，成龙的"duang"就被很多卖家应用，乐此不疲。

（2）发挥脑洞

创意自然离不开脑洞，脑洞要大，可以使用不切实际的极端荒谬情况。比如为了体现某个面条好吃，就塑造一个把碗也吃掉一块的样子；

为了体现羽绒服非常保暖，就塑造一个模特和一个北极熊站在冰川上，其中北极熊冻得瑟瑟发抖而模特却悠然自得……

发挥脑洞的目的不是为了哗众取宠，而是为了突出产品的某一个卖点，吸引消费者的注意。

（3）后果呈现

向消费者呈现使用产品的后果，甚至是极端后果、负面后果。杜蕾斯可以说是呈现极端后果的典型例子，比如它呈现了一个女士像用九阴白骨爪一样把桌子抓出了几条痕迹，这就能让消费者明白效果是有多好。

还有的护肤品卖家为了说明护肤品好，用的广告词为"奶奶最近很困扰，自从用了这个护肤品后，好多帅哥去追她"。

还有好多类似的案例，卖家利用极端后果的呈现，很可能一下子抓住消费者的心，带动消费者的关注，从而提高产品的购买率。

（4）产品形象化类比

卖家把产品形象化类比，可以达到既在意料之外又属情理之中的艺术效果。比如某广告把雨伞比作一个可携带的屋顶，一片为自己量身定做的天空。

再如某护肤品的广告：按下岁月的暂停键，图片上显示的是一盒护肤品，上面被竖着画了一个等号，像视频播放时的暂停键。产品要表达的信息是让岁月暂停，人不再变老，留住美好肌肤。

还有某个卖家为了凸显其3D电视商品的效果好，就把一个对着遥控器坐在沙发上看电影的情侣做成特效放在外景的海边，他们的脚下是海水，他们的周围是各种士兵在渡海，类似电影《诺曼底登陆》，让观众一下子就能明白其中蕴含的意思，能直观地感受到电视的3D效果。

◎ 3.3.6 评价

对于卖家而言，一个商品的评价控制尤为重要，它会严重影响商品的浏览转化率。90%的顾客在购买产品前必定会浏览评价，其被看的概率甚至高于主图。

如果排在前面的几个是差评，而且还是三五百文字的评价，围绕产品质量、物流、客服等做出全方位的差评，又晒出图片，贴出了这个产品的瑕疵和客服的聊天记录截图，这个产品距离"死"也就不远了。

评价的管理很重要，要做好评价管理工作，首先得了解它排序的基本规则。

一个数据库庞大的平台系统，是不可能通过人工去判定文字内容的，所以一定会有一些显而易见的规则，比如扫描一些词汇进行判断，尽管每个平台的规则略有不同，但是常见的影响维度还是趋同的。

（1）评论较多的文字评价内容；

（2）评价中有晒图，数量越多排在前面的概率也就越大，同时清晰度也会影响排序；

（3）卖家对评价有互动；

（4）买家可追加评论；

（5）卖家针对追加评论有解释；

（6）卖家信誉等级越高，排在前面的可能性越大。

所以，卖家一定要把销量和评价当作产品描述的一部分。但是这个是不是只有靠刷单作弊才能做到？当然不是。对于销量和评价的管控，

刷评论虽然是一个快捷有效的办法，但绝对不是正确的方法。正确的方法是，与真实的顾客沟通，引导他们达成好评。尤其是高客单的产品，销量少，评价更新慢，就更需要注重评价的引导。

卖家可以从以下几个方面对评价进行管控：

1. 销量和评价的安全值

卖家要特别注意销量和评价的安全值，因为安全值意味着消费者的认可度，可以把这个作为一款产品的基础销量和基础评价。

如果一个产品只有几笔或者几十笔的销量，几十个评价，99%以上的类目，那么这个产品会给人不安全、不值得信赖的感觉。

越是价格偏高的产品，越是需要一定的安全值，尽管高价格产品在前期最重要的是视觉的突出，但如果它只有几笔甚至零销量、零评价，总是让人不放心。

除了季节性的产品和刚做过活动的新品，大部分的时候销量和评价的比例应该给人一种相对真实的感觉，不应该是销量很低而评价却很多，或者销量很高但是评价却很少。

只有当销量和评价都在一个相对安全的数值之上的时候，消费者才能放心购买，因为任何一款产品消费者都会考虑其描述是否真实、质量是否靠谱，尤其是淘宝平台的卖家，会严重受到这种观念的影响。

卖家可以尝试做活动或者通过推出套餐的方式，完成有效的基础销量和基础评价，鼓励顾客传播"正能量"很重要。

2. 引导真正有价值的评价

卖家通过返现进行引导好评，是一种引导方式，但是这绝对不是最佳的方式，尤其是很多只买几十元的产品还予以返现。通过好评返现虽然会让一些买家上买家秀，但是卖家利润大大地降低了。返现活动要适可而止，买家秀达到一定量要见好就收。不然相似的多字数评价，一致的展示图片，反而会引起顾客的怀疑。

评价的引导可以通过开箱体验，或者客服沟通，或者售后引导，即使是送一些小礼品，要让消费者记住该卖家的品牌和店铺，而不是贪图小礼品。

3. 重点引导好的消费者上传买家秀

卖家要注意重点引导好的消费者进行买家秀的上传，不排除这里面有老年女性上传了自己的"自我欣赏照"，但如果这家店铺卖的是时尚的羽绒服，就会让人感到啼笑皆非。

其实从消费者的收货地址和沟通方面都可以发现一些端倪，如果实在很难找的话，可以让消费者拍静物上传或者找老客户上传，老客户本身认知度高，而且比较容易沟通。

4. 引导消费者上传有代表性的照片

店铺里消费者上传的照片最好能体现该商品各方面的优点，具有代表性。比如卖羽绒服的，可以引导有的消费者从包装的角度、有的从穿上身效果的角度、有的从物流的角度等来体现羽绒服的"好"。

要尽量把消费者可能关心的每一个环节都能做到引导一定的顾客进行良性上传，这个如果做好了，会比花哨的详情页效果好很多。

有些低价产品的卖家，想出其不意，做差评营销，就是在差评里面全是好评的语言或者各种无厘头的理由；还有的在买家秀里面既放产品图，也上传一个美少女图，并且追评："不小心把女朋友传上去了，可以删吗？"卖家还在评论下面回复："亲，您真给力！"

这种方法剑走偏锋，不能说它好或者不好，但毕竟不具备普遍意义，很难推广开来。但是如果有的店铺的客户群是低端的，喜欢看这些东西，就可以适当做一做。因为毕竟一切都是靠效果说话，只要是能提

高效果的方法，没有什么是不可以的。

5. 维护和公关

店铺中产品无论是好评还是差评，都需要维护和公关。不管产品本身或者服务本身是不是真的有问题，或者说是顾客的误解，或者是恶意的差评，都需要维护和公关。

好评的维护和回复可以带来消费者的良性循环，提高信任度；差评的维护可以让看到这个差评的其他消费者不至于看后就闪人，并且一定程度上会让这个差评的消费者转化为好评的消费者。

维护不仅仅是在页面上呈现，也要体现在对这个评价的消费者本身的互动和服务上面。既要做好服务的"里子"，也要做好在页面上呈现的"面子"，要双管齐下。

客服可以联系好评消费者表达感谢，并追加解释给后面的消费者；一般好评可以不予理会，但尽量不要重复复制粘贴相同的话来回复感谢；对于中差评，或者有爆款遇到差评置顶的情况，要第一时间做好危机应急措施，避免爆款商品因为差评而销量连连下跌。

一定要在第一时间用打电话、送礼物或者补偿现金等方式让对方修改，如果修改无望再采取别的措施。通常来讲，让好的评价多出现，以及把好的评价置顶，可以用以下方式：

（1）提高客服接单业务能力，要有服务意识和责任心；

（2）加强售后工作的处理，提高客户满意度；

（3）针对差评不轻易做出解释，等详细了解情况后，服务好客户和请求追加好评并做出解释；

（4）对好评晒图予以奖励；

（5）重点提高高等级买家的评价质量，避免不好的评价影响整体销售。

做服务的"里子"核心就是尊重消费者需求，不卑不亢，让消费者满意；页面呈现的"面子"可以多多参考同类目成熟的优秀店铺的做法。

3.3 店铺促销规划，打造稀缺紧迫感

促销是最为常用的一种营销手段，是通过短期的优惠活动来提高产品的销量、增加品牌知名度和美誉度。

促销一般要求卖家在一定范围、短时间内使用。如果促销做得过于频繁，消费者会认为产品本身就很廉价，不但不会刺激购买反而会折损品牌形象。

正如天猫 2017 年的"双十一"活动，促销节之所以能够在一天之内成交 1600 多亿元，就是因为这一天是稀缺的，是与众不同的，有平时无法比拟的优惠力度。如果每个月都有这样的活动，那就失去了"双十一"的意义。

◎ 3.3.1 打造稀缺紧迫感

首先，做促销之前卖家得先找个"借口"，给顾客一种更真实的促销感，不然无缘无故的促销会让顾客觉得很假，不敢买参加促销的产品。

借口主要有以下三种类型：

（1）节日，比如春节、情人节、元宵节等；

（2）店铺大事件及口号，比如周年庆典、新品发布、反季促销等；

（3）奇葩理由，比如老板钱挣够了要清仓歇业了，店长和老板闹翻了等。

研究表明，人们害怕错过好处与机会，便会在第一时间主动地去争取抓住机会，所以便会在时间紧迫的情况下迅速做出决定，不再拖延。

促销就是需要给消费者一种紧迫感，一种稀缺性，让他们觉得不买就吃亏。为了保证这种"稀缺性"，卖家就必须要对促销产品的数量、促销的时间做严格的限制。

众所周知，小米手机不是用来卖的，而是用来抢的，而且还有无数的人因为抢不到而感到沮丧。小米数量有限，这是稀缺性；抢小米的时间有限，这是紧迫感。于是大家都踊跃主动参与到雷军设计的抢小米游戏中。

那么卖家该如何增加稀缺性和紧迫感呢？在形式上要利用各种各样的方式给消费者造成购买上的紧迫感，减少消费者的决策时间。常见的方式有以下几种：

1. 限时促销方式

限时促销能够给顾客时间紧迫感。大街上常常有"大甩卖最后1天"的广告，其实哪一天都是最后一天，只是给顾客一个时间紧迫感，就是说今天要是不买，明天就没有了，从而刺激消费者购买。其实在网上也是一样的道理，也是体现一个时间的紧迫感，例如国庆等节日就放假这几天做，这样买家就会有可以占到便宜的感觉。

秒杀就是限时促销方式的变种，这种促销方式也经常用于新品销量破零，因为这样可以提高转化率。

秒杀要有巨大的价格落差，这也是秒杀的特征之一，就是用让人大跌眼镜的价格吸引消费群体。原来几百元的价格现在才卖几元钱，相信大家都会去抢购，几乎没有人对这种实实在在的天上掉馅饼的活动不心动,所以价格上有巨大落差是秒杀非常重要的一环。

秒杀要提前公布、多方宣传消息。因为每次做秒杀的时候产品肯定不会太多,比如说一个几千元的手机现在 1 元钱的价格秒杀那肯定是赔钱的,所以不可能几百台几百台地赔,顶多是 1～2 款来做这个秒杀活动,赔了就赔了,就当作是打广告。

所以既然是打广告的方式,如果不提前公布的话,起到的作用就是微乎其微的。因为当商品上架时,能够搜索到你这个商品的人不会太多,所以一定要提前公布、多方宣传。做秒杀的目的在于吸引广大的消费群体,让更多的人来关注店铺。

当秒杀到来的那天,所有人都会蜂拥而至,即使没有拍到的也会看看店里有没有其他便宜的商品。所以,要好好地利用秒杀,多方宣传,吸引更多人关注店铺,把秒杀作用发挥到最大。

2. 限量促销方式

限量促销跟限时促销在本质上是一致的。比如,仅限前 100 名 5 折优惠,前 10 名免单等,它能够快速地促进转化。

稀缺性是数量有限的概念,无论是卖家的产品数量有限,还是赠品数量有限,又或者是特价产品数量有限,都会给消费者带来一种不可多得的感觉。卖家可以通过限量来制造产品的稀缺性和紧迫感,让消费者感觉错过了就不会再有。

如果没有稀缺性和紧迫感,消费者就会拖延、犹豫甚至放弃购买,会认为再过一段时间也可以购买。所以,店铺需要斩钉截铁地告诉客户,产品、赠品、特价是有限的。

比如:"产品仅限 15 件,再不买就错过了","特价产品只剩 25 件,卖完这 25 件就恢复原价"……通过人为地制造稀缺性和紧迫感与消费

者哄抢的气势，促使消费者做出立即购买的决定。

3. 阶梯式折扣促销

阶梯式销售，即商品的价格随着时间的推移出现阶梯式的变化。这种促销方式给消费者的紧迫感会更强。如某种商品第一天上架八折销售、第二天就按九折销售、第三天按全价销售，依此类推。这是一种全新的促销模式，从表面上看这种销售模式比较危险，万一顾客都不来购买该怎么办？

其实完全没有必要担心，因为顾客的想法都一样：图便宜、图优惠。

对于顾客来说，促销本身就有一定的诱惑力，更何况是阶梯式的促销。或许在促销开始的前几天，很多顾客会持观望态度，但是这仅仅是短期现象。当有第一个顾客开始购买促销商品的时候，其他的顾客也会尾随其后抢购。毕竟这样的好事谁都不愿意落下。

另外，这种促销方案还能吸引顾客时时注意店铺的动向，这在无形当中就为店铺积聚了充足的顾客资源，这种资源不是用广告积聚的顾客资源能比拟的，前者更加省钱也更加有凝聚力。

稀缺性和紧迫感，可以促使消费者迅速下单，特别是对于那些犹豫不决的消费人群，这一招更加有效果。要知道，机不可失时不再来这种心理，很容易就戳中犹豫不决的人。

◎ 3.3.2 价格促销

这类促销简单直接，也是卖家在运营的时候经常用到的，那就是直接在价格上做文章，给予一定的让利和折扣。常见的形式包括以下几种：

1. 满多少送多少

这是最常见的促销方式，淘宝卖家服务市场也有不少这种专门的工具。这种方式是直接给消费者让利,潜在的意图是希望能够提高客单价。可以直接减现金,也可以送优惠券;送优惠券还可以促进多次消费,增加顾客黏性。

现在有很多的店铺,比如京东、当当网等都在用优惠券促销,它具有很多好处:拉升客单价、提高转化率、提高顾客黏性、提高回购率等。

2. 加××元就可以得到赠品

这种方法一般会用于新品销量破零或者用于"测款"。用这个方法的时候,加"××元"一定要震撼,不能说原价98元的东西,你说加68元就可以获得,这样一点儿吸引力都没有。一般在这种方法的应用上,都要舍弃掉爆款的利润。

比如可以是加1元,加9.9元等。这种方法在用于"破零"和"测款"的时候,一般都是用店铺的流量款去带。

送的赠品要超值新颖。换购是抓住买家贪小便宜的心理,加1元钱就能把东西拿到。赠品不一样,因为赠品规定了一个限额,所以赠送的商品要物超所值。

3. 全场统一折扣价

此方法一般是用于清货,比如全场多少折,或者全场多少元等,这种方法也可以提高客单价。

◎ 3.3.3 多样促销

除了价格促销之外,还有很多种促销方式。

1. 主题式促销

一般都是在节日庆典时做主题式促销,这种方法需要有好的文案、

好的活动设计。比如三八妇女节、店庆、六一儿童节、九九重阳节、中秋节等。

2. 老客户反馈式促销

这种促销方式主要是针对老客户，拉老客户回购，也可以通过老客户进行新品销量破零，这样可以增加新品的权重。比如卖家可以设定一个会员日，在会员日的时候，老客户购买新品区的新品可以享受折扣优惠。

3. 换购式促销

换购是常用的方法，就是消费者买够多少元的商品加多少钱可以换购一件其他的商品，例如买了500元的商品，再加10元可以换购一件其他的商品。加的这10元钱是不足以支付换购品的，这样买家就会感觉加10元钱非常值得，就会愿意参与这种活动。

现在大多数店铺都是满5笔换购，即买满5笔后，可以换购其他一个产品，这不仅提升了客单价，还提升了店铺信誉度的增长速度。

换购的加价幅度要小，加价幅度太大买家肯定会去考虑这个东西对自己有没有用，不利于达到好的效果。换购品要物超所值，就是说换购品的价格要高于加价，这样买家才会购买，不至于丢失换购积极性，要让买家有占便宜的感觉，刺激多买。

4. 互动式促销

像抽奖、大转盘、找碴小游戏等都是这类促销方式，可以有效地提高店铺的停留时间，增加黏性。

5. 包邮式促销

当消费者消费达到一定数量或者消费总额达到一定费用时，卖家可以把运费给免掉。有很多的企业卖家也采用这种包邮的活动。

比如宝洁公司，就经常推出全场免运费的活动。宝洁产品一般以洗发水为主，这种产品假如说不免运费的话，买家肯定就会觉得从网上买就不如到超市里值得，如果包邮，网上的价格又低，买家就会觉得从网上买更合适。

包邮适合低价品和重货。如宝洁公司这种大的企业卖家也已入驻了电商平台。它们卖的洗发水在超市里比比皆是，虽然价格比超市低，但是加上运费就不如在超市购买划算。所以，卖家就开展全场包邮。

越重的货物运费就越高，大多数买家都不喜欢把大价钱花在运费上，所以如果卖家包邮，那效果就不一样了。

促销是店铺一个行之有效的工具，如果想做好店铺的话，促销是必须要做的事情，而且要坚持不懈地做，经常替换更新。如果某店铺的某一个促销做得时间太长，买家就会对该店铺失去兴趣，反而得不偿失。

第4章　打造爆款：极致单品策略

爆款的成功打造，对于一个网上店铺尤其是中小型的店铺来说意义重大。

爆款策略就和国家倡导的发展策略一样，"先让一小部分人富起来，以先富带动后富"。相对应地，打造爆款是让一个单品先火爆起来，让单品销量迅速提升，然后以"先爆"带动"后爆"，进而提升整个店铺的流量和销量。

可以说，打造爆款对于店铺作用重大，也是店家的一堂必修课。

4.1 爆款的力量

打造爆款不是一个简单的事情，首先要了解什么是爆款，爆款的分类，以及打造爆款对于店铺经营和发展的重要作用。

◎ 4.1.1 什么是爆款

爆款是指在商品销售中供不应求、销售量很高的商品，广泛应用于网店、实体店铺。

"爆款"一词是谁发明的，又是何时用在了商品营销中，连淘宝网的资深员工和打造爆款的电商专家都说不清楚。大致上，"爆款"是随着2008年到2009年淘宝网的发展而诞生的。

有的卖家一款商品一年就卖出去几十万、上百万件，甚至毫不夸张地说一个爆款能卖赢一个店。打造爆款，其实就是在运用极致单品策略。

◎ 4.1.2 极致单品

通俗地讲，极致单品就是将产品的外观、性能、体验同时做到让消费者尖叫的地步，也可以理解为将产品的价格相对于价值来说（性价比）

做到让用户尖叫的水平。

极致≠完美，做产品不求十全十美，但求单点极致。对"单点极致"一个比较好的描述叫"一针捅破天"。过去做事情必须把面铺得足够宽，而在互联网时代，你可以在极小的地方把纵深做到极致，最后的收获反而更大。单点极致是互联网界备受推崇的理念。

"繁"代表十全十美，但不等于完美；"简"是单点极致，不要求十全十美。十件事情，你砍掉九件事，目的不是为了砍掉这九件事，而是把有限的资源用到某一件事情上，这就叫单点极致。

乔布斯重返苹果后，把一百多款产品线砍到只剩四款，然后做出了iMac；市面上的其他手机品牌一年做五六十款手机，苹果一年只推一款手机，这就是从繁到简、单点极致。

很多人都用过苹果的iPhone，库克接手苹果后，就不做黑色的苹果手机了。黑色的iPhone在接缝的切口处会留出一点白边，这是任何工艺都切不掉的。乔布斯居然让工人用人工的方式把白边涂黑，可见他对细节要求到怎样的程度。

做极致单品更多的是从生产商的角度来说，对于销售商来说，打造爆款其实也是在运用极致单品策略。

◎ 4.1.3 爆款的分类

爆款一般可以分为以下几种类型：

```
       ┌─────────────────────┐
       │  盈利型    流量型    │
       │  爆款      爆款      │
       │                     │
       │      赔钱型          │
       │      爆款            │
       └─────────────────────┘
                 ↓
               爆款
```

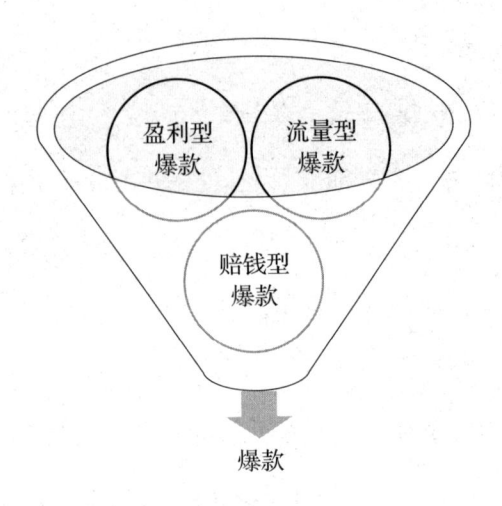

（1）盈利型爆款：给店铺赚钱的宝贝。

（2）流量型爆款：商品价格接近成本价，不赚钱，可是能给店铺带来大量的稳定的免费流量，通过关联营销把流量带到盈利款的商品，实现销售，赚取利润。

（3）赔钱型爆款：商品售价低于成本价，这种宝贝一般出现在淘宝大型的活动中，比如"双十一"，目的是抢占活动的榜首，增加品牌曝光度，宣传品牌，为以后的盈利型爆款打基础。这种爆款的打造适合比较大的店铺，小店铺的话一般不建议使用此策略。

◎ 4.1.4 打造爆款对店铺的重要作用

爆款对于好多卖家都是非常向往的。尤其对于很多中小卖家而言，爆款就好比一根救命稻草，成为众多卖家的求生之道。那么，究竟爆款的打造会产生什么样的化学反应？又会给店铺带去怎样的好处呢？

```
┌──────────────┐  ┌──────────────┐  ┌──────────────┐
│   提高流量   │  │   关联销售   │  │   减少库存   │
└──────────────┘  └──────────────┘  └──────────────┘
      ┌──────────────┐  ┌──────────────┐
      │  提升转化率  │  │   拉高评分   │
      └──────────────┘  └──────────────┘
```

（1）提高自己店铺的流量。爆款商品的热销使得店铺销售火爆，吸引买家，制造盈利。

（2）关联销售。在爆款打造的过程中，爆款的成交会提升店铺的总成交量和信誉度，在消费者中制造良好的口碑，从而起到带动其他产品销售的作用。

（3）有效缓解库存压力。现如今有更多的商家选择专做爆款，而不是做多款商品。试想一下，对于电商来说，尤其是中小型电商，是做一两款热销商品的库存压力大，还是做十几款销量一般的产品的压力大呢？答案可想而知。

（4）爆款商品，一般而言，转化率较高。同一件商品，即使质量一样，但对比销量多和销量少的，消费者自然热衷于选择火爆的商品。

（5）爆款还能带动店铺的总体评分，提高店铺其他宝贝的搜索排名。很多时候，爆款都是店铺成功的主力，如果一家店铺有多个爆款，那么必将大大地提升店铺的评分与排序。

成功打造一个爆款对于店铺而言，是有着很大激励作用的。做事最怕的就是失望、气馁、没信心。爆款的成功打造能在很大程度上提升卖家运营好店铺的信心，是卖家的成功之道。

4.2 成功打造爆款的模式

在了解了爆款的好处之后，很多卖家心里一定萌生了要打造爆款的想法。但是，也一定会有不少人产生顾虑：打造爆款真的有这么简单吗？自己能否成功地打造爆款呢？其实爆款的背后是有规律可循的。

◎ 4.2.1 爆款背后的规律

要想发现爆款背后的逻辑，抓住其中的规律，可以从分析买家的购买过程入手。网购时，一般的买家会经历下述五个阶段来完成一笔交易：

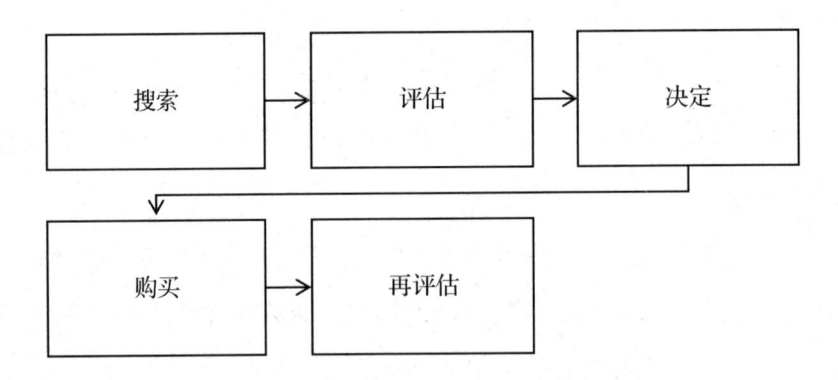

```
搜索 → 评估 → 决定
               ↓
购买 → 再评估
```

（1）搜索：消费者寻找感兴趣的商品。

（2）评估：消费者收集产品信息，评估该产品是否能够满足自己需求。

（3）决定：消费者考虑该产品所带来的利益和需要为之花费的成本，

决定是否购买。

（4）购买：消费者完成商品的交易行为。

（5）再评估：消费者使用产品后根据使用体验进行再次评估，评估结果影响着下一次的消费行为。

知道了这五个阶段之后，解析爆款背后的规律就显得简单了很多。很多人会发现，有某款商品，或许并没有做什么推广，但是当它卖出几件之后，后面的成交就变得越来越多、越来越容易。成交量越大的商品，后面的销售情况就会越好，这就是"爆款"的雏形。

出现这种情况的原因，就是消费者的从众心理，也就是我们俗话说的"随大流"。因为在网购的环境下，商品的展示只是给消费者一种视觉或者听觉上的展示，并不像传统的买卖活动那样，可以接触到实物，然后判断其好坏。

正因如此，买家可以获得的商品信息就相对较少。其中很大一部分都来自商品的描述和产品图片。但是由于很多商品的描述和展示图片大同小异，所以相比之下，买家更倾向于听取第三方的意见，因为之前购买并使用过此商品的人们的评价是最中肯的。

因此，有更多人购买和更多人评价的商品往往会更加得到消费者的青睐，从而更进一步地提升该商品的销量，也就慢慢形成了"爆款"。

虽然说"爆款"形成的主要原因是消费者的从众心理，但这毕竟只是一个雏形而已。真正地打造一个爆款，还要依靠更多的营销推广。

如果有了流量，就应该更好地把流量转化为成交量，不然的话，如此多的流量就浪费掉了。通过营销推广，店铺的PV（页面浏览量）相对稳定，那么成交量越高就意味着转化率更高。高的转化率除了能给店铺带来更多的收益的同时，还能争取到更多的促销活动的名额。

◎ 4.2.2 打造爆款的关键点

在了解了爆款背后的规律之后,卖家应该充分利用这些规律,结合适当的营销手段,达到打造爆款的目的。但是,要达到这一点,光是了解爆款的规律是远远不够的,还需要找到爆款的关键点。爆款的关键点主要有以下三个:

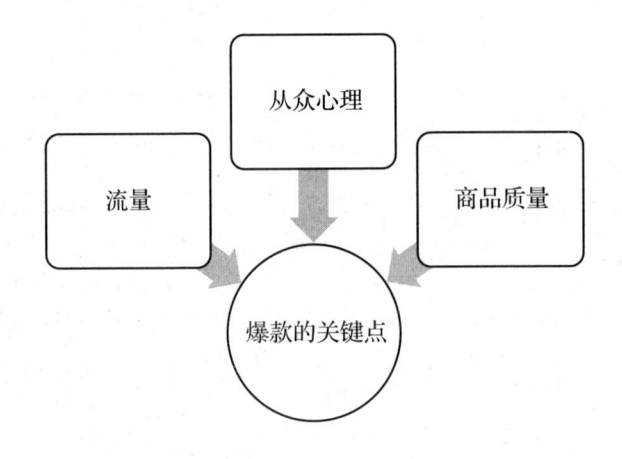

```
        从众心理
           ↓
流量 →  爆款的关键点  ← 商品质量
```

1. 流量

无论使用任何推广,都是为了吸引更多流量,从而有效地转化为成交量。流量中,淘宝搜索是大头,搜索中的热卖排行占据了超过三成的流量,一旦进入热卖排行,势必会引来巨大的流量,而这些流量的分布都与商品好坏有关。买的人多自然是好的商品,这是消费者一个基本的判断逻辑。

2. 从众心理

相信大多数人都会选择购买一些很多人买过且评价不错的商品。就像人们吃饭时喜欢到一些人多的饭店,而不是那种门可罗雀的小餐馆。所以,只要抓住消费者的这种从众心理,着重推广人气产品,这会让消费者有一种延续性的从众判断，甚至还没有看到实物的时候也会下意识地认为这是一件不错的商品。

3. 商品质量

商品本身才是销售活动的主题，要有好的商品，才会提高性价比，吸引更多顾客，从而打造爆款。

店家只有抓住了这三个关键点之后，其主推的商品才有可能会瞬间引发一系列连锁的销售反应，使该商品形成一种几何级的销售速度增长，从而来实现爆款营销。

◎ 4.2.3 准备爆款

从爆款的三个关键点中我们可以明白，打造爆款是一个循环的营销过程。在整个过程中，前期的准备工作就显得至关重要。其中，爆款的挑选和推广是决定爆款成败的关键因素。挑选一个好的商品作为爆款，是成功的开端。能否正确地选择到一个具有潜质的爆款商品，直接关系到了爆款是否能够成功。那么，如何操作这样一个选择和准备的过程呢？

分析市场数据，抢占先机 → 注意挖掘真正有价值的机遇 → 注意商品性价比和审美趋势

1. 选择商品

很多中小卖家在设置爆款商品的时候，都会选择跟随一些大卖家的

策略。看到大卖家在销售什么，就马上跟着找到这些货源甚至仿造，然后放在自己的店内销售，但是这样是很少能够成功的。

为什么这样说呢？因为中小卖家在这样做的时候，对比大卖家明显有一种滞后性。当大卖家在销售这些热卖商品的时候，其实已经预示着这款商品在不久后就会消退火热的销售势头，开始渐渐地走下坡路，最后淡出市场。如果中小卖家在这个时候才开始准备进货销售的话，将明显滞后于市场，从而处于劣势。

2. 提前准备

不要只着眼于当下的数据分析，因为当你分析出来什么产品在现阶段比较畅销，然后再进货和再上架的时候，这款产品已经过了其销售的旺季，也失去了其爆款的价值。所以，要目光长远，分析在接下来的时间里可能会出现的爆款，再提前着手准备，在竞争中抢得先机，从而打造爆款。

爆款推广要想获得更好的效果，只有比别人跑得更早更快。一定要及时关注有关热门类目的变化，关注重点大流量关键词的变化，提前布局，有的放矢。

3. 注意商品性价比和审美趋势

在分析了数据之后，便可以将其付诸实践。在选择爆款商品时，要注重其性价比。因为商品要热销，所以价格不能太高，同时质量也要过关，所以性价比就显得尤为重要。把握好质量和盈利的中间点就是卖家在这个时候要做的事情。

同时，商品的款式选择要符合当时消费者的审美趋势。要抓住时尚的导向和趋势，可以先试一试哪个款式比较受欢迎，把几个款式同时上架，保证每个款式所获得的流量基本一致。然后一段时间后，成交量比较大的那个款式就是比较有潜质打造成爆款的款式。

◎ 4.2.4 爆款的生命周期

店家选择了主推的爆款商品之后需要接受消费者的考验，于是便进入了爆款的四个时期。

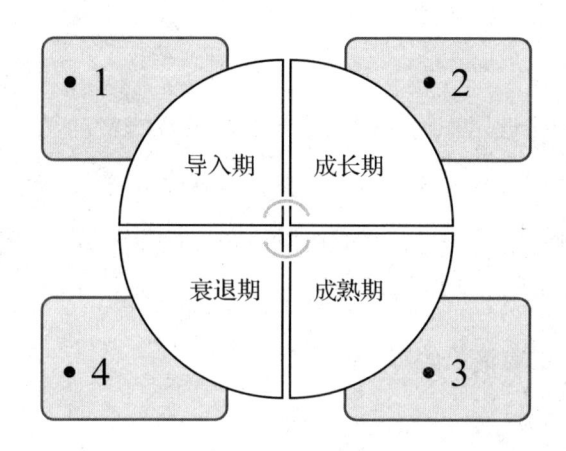

```
    ┌───┐         ┌───┐
    │•1 │         │•2 │
    └───┘         └───┘
        ╱───┬───╲
       │导入期│成长期│
       ├───┼───┤
       │衰退期│成熟期│
        ╲───┴───╱
    ┌───┐         ┌───┐
    │•4 │         │•3 │
    └───┘         └───┘
```

1. 导入期

导入期即商品刚上架的时期，这是很重要的一个时期，并不需要很大的投入来刺激流量，只需保持基本的流量即可。这个阶段是用来检验此商品是否能被消费者接受，是否可以用来做爆款商品的时期。如果在这个时期的转化率高，则代表在接下来引入大量流量的时候，此商品的销售转化将非常好，适合打造爆款。

2. 成长期

在这个时期，卖家可以加大对此商品的推广力度，增加在营销工具上的投入，同时还要注意观察商品是否值得巨大的投入。这个阶段是商品流量和成交量增长最快的时期，可以使用例如直通车这样性价比高、见效快的营销推广工具。商品能不能成为爆款，就取决于卖家们在成长期的操作。

3. 成熟期

当商品在成长期中获得大量的成交之后，电商系统将会自动判定这是热销宝贝。在这个环境里，卖家应该使自己的推广力度和投入达到顶峰；在加大对流量推送的时候，也要留意一些促销活动，引入更多额外流量，同时促进关联销售。

4. 衰退期

在大势期接近尾声的时候，爆款商品的成交量已经开始逐渐下降，在推广力度和投入稳定的情况下，流量也开始下滑，这就证明这款商品已经过时，到达衰退期。这个时候应该减少在此商品上的推广投入，开始想办法做关联销售，让顾客充分了解店铺，留住回头客。同时要开始致力于挖掘新的有潜质的爆款商品。

4.3 爆款打造的具体步骤

在揭示了打造爆款的规律、关键点之后，下面就要介绍打造爆款的步骤。

店铺自检 → 明确目标及选品 → 投放推广 → 增强对数据的监测与跟踪 → 对市场反馈进行分析

4.3.1 店铺自检

店铺自检就是看一下这个店铺是否适合用来打造爆款。自检必须要看的数据可以归类成以下3个模型：

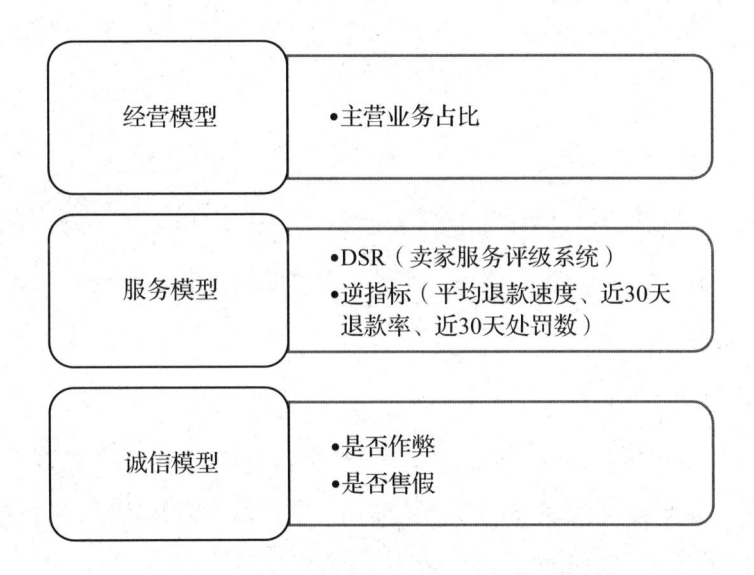

经营模型	• 主营业务占比
服务模型	• DSR（卖家服务评级系统） • 逆指标（平均退款速度、近30天退款率、近30天处罚数）
诚信模型	• 是否作弊 • 是否售假

（1）经营模型。经营模型主要是店铺的主营占比，主营业务必须和接下来推出的爆款商品对口，并且占比要高，最好是85%以上。如果主营不匹配，大多数情况下是宁可开新店。

（2）服务模型。服务模型涉及的数据指标比较多。

① DSR（卖家服务评级系统），即商品描述、服务和发货速度三项指标。这三项指标最好都能拿到好评。

② 平均退款速度（逆指标）、近30天退款率（逆指标）、近30天处罚数（逆指标），这几个都是逆指标，越小越好。

如果服务模型劣于行业均值的话，那这个店铺暂时很难爆发，需要用一段时间来改善这些数据，而不是上来就想做出多大的成绩。

（3）诚信模型。诚信模型可能引发最严重的后果。它涉及到店家的诚信问题。如果店家有过作弊（如刷单）、售假（一般直接扣24分，然后就封店了）等行为并被处罚过，那么涉事的店铺要再做起来很难，基本上，这种店铺可以放弃。

◎ 4.3.2 明确目标及选品

打造爆款前，要明确目标。爆款销量目标是多少笔？选择哪款商品？投入多少广告预算？然后对市场及产品进行分析。作为商家，我们同样是消费者，所以我们要以消费者的身份去分析产品的需求，以商家的身份去分析市场。

选品的时候我们可以多挑几个产品作为备选。不要把所有的鸡蛋都放在一个篮子里。往往我们自己认为不错的产品没有热销，反而是自己不太看好的产品受到追捧。

以商家的身份调查市场，了解市场环境，从而确立爆款目标销量。一般我们根据搜索关键词查看行业销量前三的商品，确定自己的目标销量、店铺日均UV（独立访客）、日销量，根据选择的推广工具，计算出推广预算，看这个预算是否在店铺的可承担范围。

从消费者的角度选择产品，我们可以选择直通车测试法。从店铺内选择5~6款比较有潜质的商品，同时加入直通车测试一周。然后根据直通车转化情况，从数据出发，转化成交高者胜，从而筛选出具备爆款潜力的商品。

◎ 4.3.3 投放推广

明确目标之后，便可以进入爆款的培养阶段了，这时就要进行投放推广。

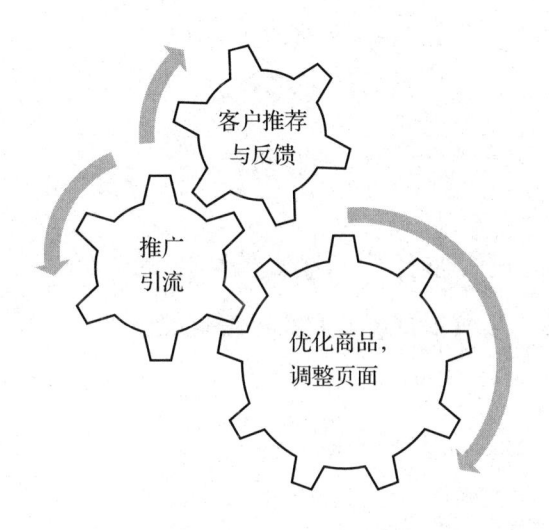

1. 优化商品，调整页面

商品主图中是否传递了产品的卖点与利益点？商品详情页中，卖点有没有突出？有没有细节展示、多角度展示？是否有售后保障？是否从消费者角度出发，打消并解决了消费者的疑虑与问题？等等。

2. 推广引流

推广工具有几种，可根据店铺情况及之前的推广预算选择合适的推广方式。投放推广，我们要融合付费流量与免费流量共享，充分利用站内的免费活动资源，从而达到事半功倍的效果。

3. 客服推荐与反馈

搜集消费者在同客服聊天过程中反馈的信息。不定时抽查客服人员

的聊天记录，看是否有进行重点推荐等。通过分析这些数据，我们可以获知消费者关注的信息，从而进一步调整我们的推广策略。

讲到这个阶段，页面优化、推广引流都是操作方法及步骤，但最终的目标就是提升爆款的销量。这里有一个重要的经验——老顾客会员营销。老顾客对自己之前光顾过的店铺已经有所认知，所以利用老顾客的资源进行爆款的初始推广，有绝对的优势。

◎ 4.3.4　增强对数据的监测与跟踪

当产品进入成长期时，就可以加大推广，增强对数据的监测与跟踪。

对商品各项运营数据的监测及跟踪是最核心的工作。通过分析数据，我们能够确定成长期的工作重点与方向。培养期阶段已经有一定的销量，流量基本稳定，转化也趋于稳定。此时，我们应该做什么？加大流量！

培养期时，商品已经有了一定的销量基数，这时，标题关键词可以加入热度词。改过一个关键词后，是否有效果，基本15分钟后就能看到结果，非常方便。优化关键词，测试提升点击率、质量得分，从而调整出价排名。删除质量得分低的词，无转化且点击成本高的词也要删除。

另外，单靠关键词所带来的流量也是有限的，类目出价，定向也一样要开通。开通了类目出价及定向后，相对应的直通车的流量基本增加一倍。

而店铺首页bannner推荐、宝贝页推荐、左侧栏推荐位也要给予流量入口。在快速成长期内，需要大量的流量导入，除了自然搜索、推广工具的使用，我们还要尽可能地利用各种活动资源去冲击高流量。

◎ 4.3.5　对市场反馈进行分析

在成长期疯狂增长后，商品的流量、转化、销量等都已接近峰值。这时，我们要观察销量是否达到了目标。若没有达到，我们要分析原因。是转化率低了，客服态度不好，产品本身的回馈信息不好，页面没有打动顾客，还是其他什么原因？流量不够，获取的搜索太少，直通车流量不够，活动免费没有，还是其他什么原因？分析出具体原因，从而寻求解决方案。

打造爆款的方法和思路大体都是一致的，能否达到最终的目标，关键在于执行操作过程中我们能否关注到每个细节。用心地去发现消费者的每一个需求，用心地去解决市场反馈的每一个问题，打造爆款就一定会成功。

4.4 爆款经典案例

常见的爆款商品有很多，这里以下图中的爆款图书、爆款服装、爆款鞋子为例进行分析。

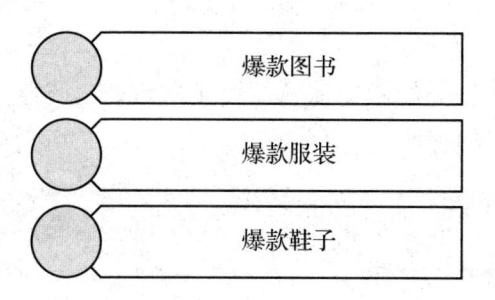

- 爆款图书
- 爆款服装
- 爆款鞋子

◎ 4.4.1 爆款图书

打造爆款图书往往借助获奖、影视剧和另类形式。

最为常见的"外力"就是作品获奖。例如2012年莫言获得诺贝尔文学奖致使其作品大卖。据报道，莫言获奖后作品的月均销量曾达到获奖前的199倍，而随着时间的推移，莫言作品的销量从一天被疯抢几百本到后来的平均一天销量大约一二十本。据说当年花城出版社加印的《红高粱》供不应求，购书中心在巨大的需求压力下，直接将卡车开进印刷厂"抢书"。

同样的情况也发生在国内的茅盾文学奖上。一部作品获"茅奖"后，销量翻番是常有的事情。2015年，在第九届茅盾文学奖获奖名单公布后的一周中，有的获奖作家的作品在网上书店已处于缺货状态。同时，几家签约出版社也宣布，所有获奖作品已进入紧急加印状态。

影视剧效应也是打造图书爆款的得力助手。不是每部作品都能获奖，但是根据图书改编的影视剧大热也是常有的事，往往图书又因影视剧带动作用而达到"爆款"的水平。

已经连续多年陪跑的莱昂纳多·迪卡普里奥凭借影片《荒野猎人》摘得2016年奥斯卡奖最佳男主角。

同日，该片同名原著作品就传出了引进我国出版的消息。影片获奖后，《荒野猎人》一书在当当网上的介绍增加了以下文字——"改编的同名电影荣获奥斯卡最佳男主角、最佳导演、最佳摄影奖"。

据相关媒体报道，对比原著图书在斩获奥斯卡奖项前后一个月的销量，2013年到2015年三年间荣获奥斯卡奖项的影片中，2013年第85届"最佳影片"得主《逃离德黑兰》以33倍的销量成为销量增长最快的奥斯卡原著图书；其次是销量增长10倍、在2014年第86届奥斯卡上获得诸多奖项的《为奴十二年》。

此外，有的图书不必拿奖，单是借助影视剧的热度也能走红。比如《琅琊榜》。当时，原著小说出版方四川文艺出版社曾透露，电视剧播出后，原本不温不火的图书销量猛增。而据报道，到了2015年年末，《琅琊榜》图书的销量已较电视剧播出前提升了33倍。

如果不借助所谓的"外力"，一些图书也能因其另类的观感和形式成为"爆款"。成人涂色书《秘密花园》就是这样一本"另类"的书。没有文字，还要让成年人来涂色。尽管被许多人看来缺乏人文养料，但是定位独特的《秘密花园》还是大热，上市3个月销量即突破100万册。

此外，书籍设计师朱赢椿的书也屡屡成为"爆款"。这当然是由于

其作品颇为"另类"的形式。

朱赢椿的《虫子书》中没有一个汉字,他将虫子身上沾上墨,放在白纸上,书中的"字"是虫子身体留下的"墨宝"。在《肥肉》一书中,朱赢椿买了一块肥肉,用扫描仪扫描出来做成封面,整本书都是一块肥肉的形状。《不裁》一书每一书页都连在一起,需要读者边看边用裁纸刀切开才能继续阅读。正是这些新颖、另类的图书形式,让朱赢椿的作品屡屡受到关注。

◎ 4.4.2 爆款服装

韩剧《来自星星的你》的热播带火了"千颂伊"同款服饰销售。当时一款被误认为是女神"千颂伊"使用的 YSL52 号色唇膏红遍全球,甚至卖到脱销。尽管后来官方证实,剧中"千颂伊"用的口红不是 YSL,而是 IOPE 的 44 号 FOREVER PINK,但这丝毫没有影响粉丝们对类似唇膏的追捧。

与此同时,随着《来自星星的你》的热播,一大批周边产品出现了热卖。不仅仅是像唇膏、发卡、丝带、太阳镜这些价格亲民的小物件受到欢迎,就连女神驾驭的那些平时"贵到没朋友"的大牌服装,也纷纷卖断货。在杭州,还有不少大牌店员主动在微信朋友圈里更新《来自星星的你》同款消息,吸引顾客。

对销售而言,一部热剧,一位明星穿戴的"示范效应",有不小的促进作用。DKNY 的店员说,一般只要客人进店,他们都会为客人推荐合适的款式,而明星穿过的款式,不论是在热播剧中,还是在时尚场合,他们都会重点介绍一下,不少客人会留意,甚至产生偏好。

明星效应对促进销售确实有不小的作用。

◎ 4.4.3 爆款鞋子

说起爆款鞋子就不得不提雪地靴。雪地靴就是通过淘宝网走红的。直到现在,这种每年只卖 3 个月的皮毛冬鞋依旧占据了淘宝网鞋类销售数量的很大比例。

雪地靴的流行大概始于 2008 年,那时网友已经习惯从美剧和好莱坞街拍里吸收时尚信息。每一家卖雪地靴的网店里除了雪地靴历史和材质的介绍,还有众多好莱坞明星光腿穿雪地靴的照片,特别是当时《Gossip Girl》正在流行,两位女主角在片场穿着雪地靴的照片成了中国淘宝店主的免费宣传照。

雪地靴最先流行的时候,10 月份的北京街头,就有姑娘模仿好莱坞明星,光腿光脚穿雪地靴。2009 年的冬天更是疯狂,天冷得早,寒流一波接一波,淘宝网上的雪地靴甚至有断货的情况。

有人曾经回忆说,2009 年 11 月中旬江苏的厂家就开始供货紧张了,

拼命生产也满足不了批发商的需求，甚至大的批发商直接到工厂去，流水线上下来一批鞋子，不管是不是自己的，立刻抢了发走，全部货品都是一打一打地现金结算，可见当时雪地靴的火爆。

雪地靴成为长卖不衰的"爆款"有它的原因。在淘宝网上，越是标准化、基本款，销量越大。雪地靴非常保暖，实用性强，而几乎没有设计感，不在潮流的规则里，也就不容易被潮流所淘汰。

第 5 章 客服管理：提升服务体验才能基业长青

电商运营，客户至上，服务为王。谁拥有客户，谁的服务做得好，谁就拥有未来市场的话语权。

在这个行业竞争越来越激烈、产品差异化越来越小的时代，能创造出最大差异化的是"人"，是"人"在整个服务过程中给客户创造了不同的感觉，从而创造了不同的客户体验。所以，企业的竞争优势将逐步从"硬件"转向"软件"，从产品转向服务。

因此，加强客服管理，提高客服服务水平，进而提升顾客的服务体验，对于电商来说就显得尤为重要。

5.1 打造优秀的电商客服队伍

电商客服即电商客户服务,是指在电子商务活动中,充分利用各种通信工具特别是即时通信工具(如阿里旺旺),为客户提供相关服务的人员。

电商客服对网络有较高的依赖性,所提供的服务一般包括客户答疑、促成订单、店铺推广、完成销售、售后服务等几个方面。

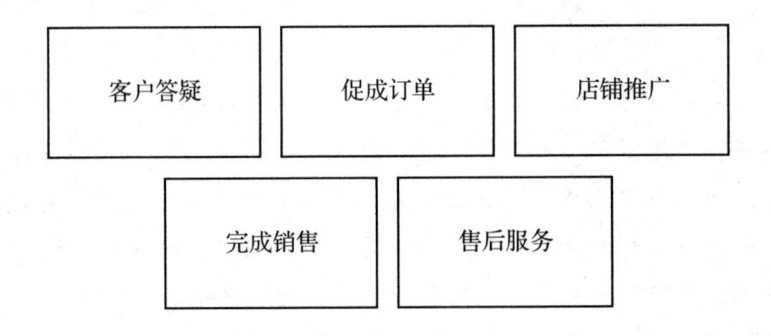

| 客户答疑 | 促成订单 | 店铺推广 |

| 完成销售 | 售后服务 |

电商客服是承载着客户投诉、订单业务受理(新增、补单、调换货、撤单等)、通过各种沟通渠道获取客户调查资料、与客户直接联系的一线业务受理人员。

作为承上启下的信息传递者,客服还肩负着及时将客户的建议传递给其他部门的重任。如:来自客户对于产品的建议、线上下单操作修改反馈等。

与传统行业不同,网店客户服务多数是在不与客户直接面对面接触的情况下进行的,服务难度和复杂度较传统行业要大。因此,更有必要建立一支专业的电商客服队伍，为给顾客提供专业、高效、优质的服务提供充足的人才。这也是电商客服管理首先要面对的问题。

下面我们以阿里旺旺为例进行分析。

◎ 5.1.1 设计合理的客服组织结构，明确岗位职责要求

电商客服按形式分在线客服与语音客服两种。独立的 B2C 公司一般都不设立在线客服，C2C 购物市场主要以在线客服为主。

电商企业需要设立客服部，来作为统一的客服组织机构。客服部下设客服主管，作为客服部门的负责人。

客服主管的职责主要包括：关注电商平台规则，如有变更便及时做出调整；对客服团队人员进行培训及管理，并制定合理的客服流程及管理制度；负责公司各店铺客服的指标达成和考核；负责产品的售后处理及纠纷的解决；负责顾客与店铺的关系维护，提升复购率；不断完善客服工作流程和工作规范。

客服主管下面就是具体负责与客户打交道的客服人员。客服人员按业务职能可分售前客服、售后客服和综合客服三种。

1. 售前客服

售前客服，是电商的形象，是和客户直接交流的重要角色，首要的工作就是要做好对消费者购物的引导，做到"不放过每个进店的客户"，并且尽可能提高客户进店购物的客单价，提高全店的转化率。

对售前客服的要求主要有：仔细，有耐心，有责任感；打字速度快，有亲和力；善于言谈，和客户能够迅速聊起来；观察能力强，敏感度高；熟练掌握店中商品的各项属性；主动性强，主动推荐，挖掘客户需求。

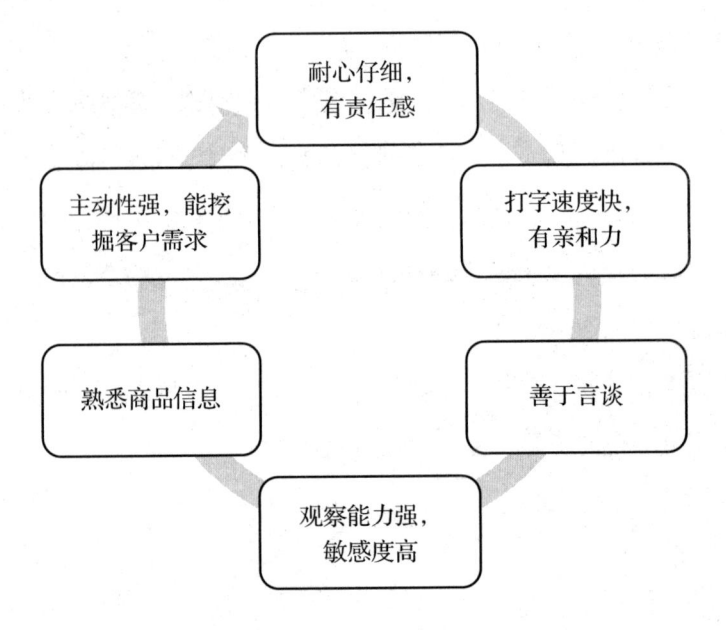

售前客服的每日工作流程大致是如下这样的：

（1）进入后台，查看前一日的所有订单，确认是否有异常的订单（含申请退款的订单）。

（2）查看工作台的留言，有客户留言的话，不管对方是否在线，一定要及时回复，以便客户上线后可以看到，客户留言的问题要及时地解决。

（3）售后问题做好简单记录，并发给售后服务部门做好存档记录，以便后期查询。客户拍下商品之后，12小时之内没有付款的，应该及时和客户联系，适当地催单。

（4）售前客服在工作期间，必须细心、耐心，自己负责的阿里旺旺必须设置自动回复（没有客户进来的情况下，暂时离开位置，需要将旺旺挂起），响应率和态度都要做到良好，只要是前来咨询的客户（广告的阿里旺旺除外），都必须加阿里旺旺好友，并进行营销、备注，以便做好后期潜在客户的营销。

（5）在接待客户的时候，不得擅自将自己的客户转给其他人，以免给客户造成不良的印象。和客户聊天的过程中，要保持良好的心态，面带微笑，把客户视为自己的朋友一样。不同的客户，采用不用的聊天方式去沟通，引导客户下单，有机会再向客户推荐其他热销或者是关联的产品。

（6）商品在下单之后，一定要和客户核对一下收货的信息是否准确无误，在客户比较好沟通的情况下，并且有强烈欲望要去关注店铺的活动信息的，可以推荐客户关注店铺的微博，或者是微信平台。

2. 售后客服

只要宝贝寄出，所有的问题就归售后来处理。售后包括退换货、物流问题、客户的反映和投诉、中差评等处理，要做到所有的售后问题全部不是问题，让客户感觉到商家优质的售后服务，提高客户的忠实度。

对售后客服的具体要求有脾气温和、态度好；善于沟通（包括电话沟通）；对产品的属性、卖点、优缺点能够熟练掌握。

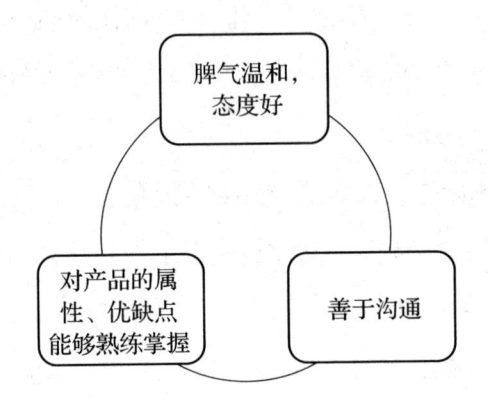

```
        脾气温和，
         态度好
       /          \
对产品的属          善于沟通
性、优缺点
能够熟练掌握
```

售后客服的每日工作如下：

（1）看阿里旺旺客户的留言，并及时地跟进，如果是物流问题则及时将信息发给客户；对已经收到的宝贝，有疑问的，及时作出解释。

（2）进后台看评价管理，如果有评价内容需要解释的，及时处理，C店的中差评要在一周之内处理完成。

（3）售后客服每天需要就已经成交的订单进行物流跟踪，要做到抢在客户前面发现问题。发现疑难件以后，要做记录，并且定期跟踪，直到问题解决。

（4）如果客户来催单，要在第一时间打电话给相关快递公司的客服，把物流信息反馈给客户，并且要安抚客户情绪。

（5）客户关怀也是售后客服要考虑的事情。将客户档案库的分类客户进行分类关怀，例如节假日、天气骤变、生日关怀等，让客户感受到商家的温暖。

3. 综合客服

综合客服的职责包括：订单的打印、发货；宝贝库存的维权和跟进；宝贝售出之后，确保订单的准确无误；销售报表的维权；退换货的登记等。

综合客服活动期间和非活动期间的工作如下：

（1）在活动期间，要按照订单的先后顺序，做到当日货当日出。如果出现缺货，或者打包能力不足的情况，也要在24小时之内完成发货，并做到准确无误。订单打包完成后，要及时核对订单上的数量和包裹数量是否一致。

（2）非活动期间，当日下班前，要将全部订单交给仓库。

（3）综合客服还要负责和快递公司的取件员进行接洽。快递方面的问题，要及时和取件员沟通好，遇到丢件等问题，要做好记录并及时处理。在打印订单的时候，要注意客户的收货地址是否在合作快递公司的派送范围内。

（4）发货的时候，仔细看客户的留言与备注，如果有备注，数量或地址有变化等情况，要及时用颜色鲜艳的笔在快递单上面备注清楚，以减少订单的错误。

总之，只有权责明确，才能确保客服人员有条不紊地开展工作，高效地完成任务。

◎ 5.1.2 招贤纳士，做好培训

在设计合理的客服组织结构、明确岗位职责之后，就要对客服组织进行招贤纳士，并且还要对其进行相关的培训。

- 1
  客服招聘

- 2
  客服培训

1. 客服招聘

电商发展促使电商企业客服人员必须具有客户服务和营销双重技能。行业的发展和模式的创新使得对客服人员的要求越来越高。因此，对于客服招聘也提出了新的要求。

尽管许多电商使用了先进的CRM系统甚至建设了相关小型400呼叫中心，但高质量的客户服务和在线销售归根到底还是取决于客服操作人员的素质。随着电商行业的发展，客服工作越来越受到重视，对客服从业人员的需求量也日益增加，人才的竞争十分激烈。

招聘到合适的客服人员并留住人才，可能是比服务本身更艰难的挑战。

有人说，不就是一个客服吗？这么多人找工作，招客服人员有那么难吗？实际上，要招到一个合格的客服人员通常要面试约5～10个应聘者，招聘成本通常高达数百甚至上千元。不是找不到客服应聘者，关键是如何找到适合自己企业要求和工作要求的应聘者。

每个企业都想招到优秀的客服人员去服务新老客户，促成销售和再销售。正因为客服工作的重要性，对客服人员的要求不仅不会降低，反而还会提高。这也在一定程度上增加了招聘的难度。

大体上，客服人员需要满足以下几个招聘条件：

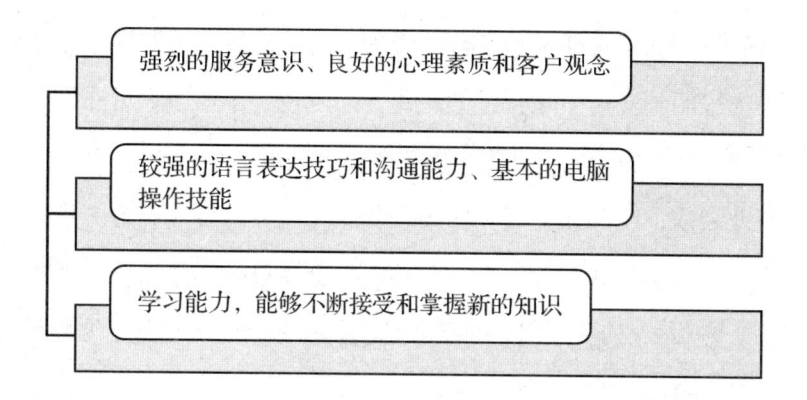

```
┌─────────────────────────────────────┐
│ 强烈的服务意识、良好的心理素质和客户观念 │
└─────────────────────────────────────┘
┌─────────────────────────────────────┐
│ 较强的语言表达技巧和沟通能力、基本的电脑 │
│ 操作技能                              │
└─────────────────────────────────────┘
┌─────────────────────────────────────┐
│ 学习能力，能够不断接受和掌握新的知识    │
└─────────────────────────────────────┘
```

（1）必须具有强烈的服务意识、良好的心理素质和客户观念

长期从事客服人员管理、培训和运营管理，应该知道服务意识和服务态度是影响服务质量的关键因素。在线客服人员在工作中会遇到任何你想象不到的情况甚至人身攻击，客户所针对的可能是产品而不是客服人员本身。在这种情形下，只有具有强烈服务意识和良好心理素质的客服人员才能胜任客服中心的工作。

（2）要有较强的语言表达技巧和沟通能力、基本的电脑操作技能

计算机或者电话旁与你交流的客户的性格、表达方式、方言、教育水平等都存在很大区别。网络交流无法借助于身体语言、表情，必须通过文字过程中的语调、用词等判断对方的语义和情绪，以此有效地把握沟通的节奏。

任何语言交流的目的在于沟通，因此，除了技巧之外，能否准确地把握交流的重点或销售的关键内容，在最短的时间内卖出产品或使客户的问题得到解答，或将商品的信息准确、清晰地传递给客户，这是对在线客服人员业务能力的基本要求。无论技巧还是沟通能力，都必须以一定的语言能力为基础。

（3）要有学习能力，能够不断地接受和掌握新的知识

客服中心的核心任务是咨询、受理、售后过程。客服中心的培训和新业务内容的补充是一项日常的工作，同时也要求客服人员能够很快理解、消化、吸收新的内容并及时融汇到工作过程之中。

在此之前，团队几乎每一两周就有新的业务内容或内容的更新需要客服人员及时了解和掌握，而这一切，都不能单纯依靠培训老师的讲解和灌输，客服人员必须在较短的时间内及时领会业务内容变化的目的和熟悉业务内容的细节。

招聘过程是招聘者与应聘者之间的交流过程。对于招聘者而言，常有"众里寻她千百度"的感觉；而对于应聘者，总是觉得"天生我材必有用"。客服招聘一般分为以下三个环节：

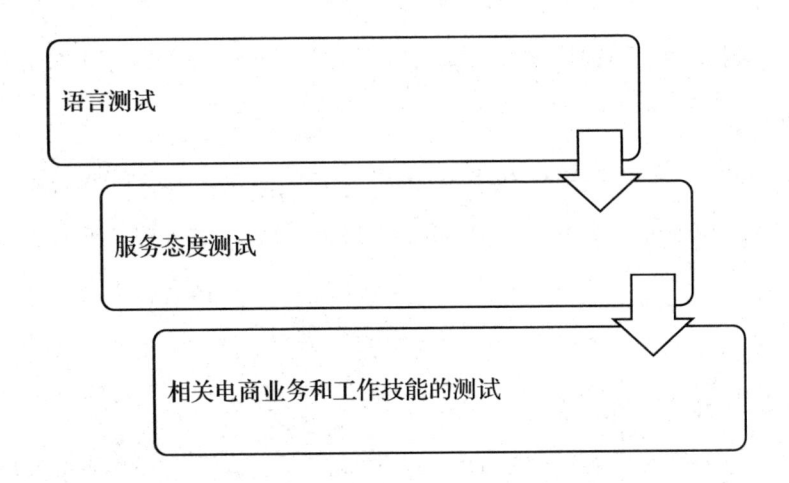

```
┌─────────────────────────┐
│  语言测试                │
└─────────────────────────┘
            ↓
┌─────────────────────────┐
│  服务态度测试            │
└─────────────────────────┘
            ↓
┌─────────────────────────┐
│  相关电商业务和工作技能的测试 │
└─────────────────────────┘
```

（1）语言测试，尤其是普通话

准备一段与工作内容有关的书面语言，让应聘者阅读，判断其语言基本表达能力和流畅性。无论是哪一类客服人员，语言的沟通交流都是必需的。这包括对内的语言沟通和面向客户的语言沟通。

（2）服务态度测试

态度是一种普遍的待人接物的方式。调查问卷是比较好的方式，这个可以根据自己公司的需求设计或者从网上下载。注意问卷设计的问题要留出空间让应聘者自己发挥，这样可以较真实地判断应聘者实际的处理方法。服务意识、态度和应聘者自身素质、换位思考能力等，这里应该都可以初步考察出来。

（3）相关电商业务和工作技能的测试

虽然都是客服工作，但每一个电商企业涉及的具体业务都不完全相同，应聘者的教育背景和兴趣也有所不同。一般来说，如果应聘者对具体的电商业务有确切的了解和正确的认知，并且表现出对所要提供的服务内容有兴趣和在相关服务内容方面有一定的基础，基本能保证他们以后的工作质量和信心。

2. 客服培训

客服的培训流程要根据所培训的客服人员来定。如果是完全没有接触过电商客服工作的人来做客服，这个培训时间需要 3 周左右；曾经做过电商客服工作的人员，这类客服培训时间大概为 1 周。

- 第一类
  完全没有接触过电商客服工作的人来做客服

- 第二类
  曾经做过电商客服工作的经验的人来做客服

（1）第一类客服人员的培训，具体的培训过程（以淘宝电商客服为例）可以参考以下程序：

①第一天，需要客服人员了解基本的淘宝交易流程，下订单、付款、发货、收货、确认收货给评价，以及淘宝的基本聊天工具的应用和淘宝后台的操作。

②之后的一周，要让客服人员熟悉商品的基础数据。结合店铺的内容进行了解，每个店铺可以根据自己店铺的商品数量来规定具体的时间。这段时间结束之后可以对客服人员进行一个店铺商品知识的基础测试，以测试客服人员的掌握程度。

③第二周，客服人员需要进一步了解店内商品，以及查看聊天话术。同时可以开始接待部分客户。此阶段，客服人员会遇到很多问题无法回答。对于这种情况，可以做一份常见问题回答方式的说明，让客服人员熟知这些常见问题该如何有效应对。当客服人员下次再遇到同类问题时，就可以参考这些回答思路和技巧来解答。

当然，肯定会有一些新问题新情况。但是我们传授给客服人员的主要是回答问题的思路，解决问题的大的原则，在具体的问题面前，还需要客服人员具体地对问题加以分析和应对。

④第三周，主要是客服人员自己应对客户问题的阶段。本阶段，就是新客服人员直接开始接待客户。本阶段需要培训人员定时查看新客服人员的聊天记录，针对新客服人员在接待过程中出现的语言错误进行指导，提高新客服人员应对客户的技巧。

⑤在此之后，培训人员可以作为神秘顾客，对客服人员的应变能力、商品知识掌握情况等进行一次全面的考核，基本可以判断一个人是否合适这个职位。

（2）第二类客服人员的培训，基本流程参考第一类，其中相应的时间可以减少，可以看作是第一类客服培训的压缩版。

培训的重点是什么呢？可以说是对店内商品知识的培训。

电商客服人员对商品的熟悉程度至关重要，直接关系着其在服务过程中的点点滴滴，甚至直接左右着能否最终成交。

在对客服人员做商品培训时，应着重介绍商品的以下要点：功能功效（它能做什么）、外观结构、卖点亮点（为什么值这个价格）、操作安装（怎么使用）、缺点弱点（要规避什么）、工艺技术（怎么做出来的）、成分材料（用什么做成的）等。

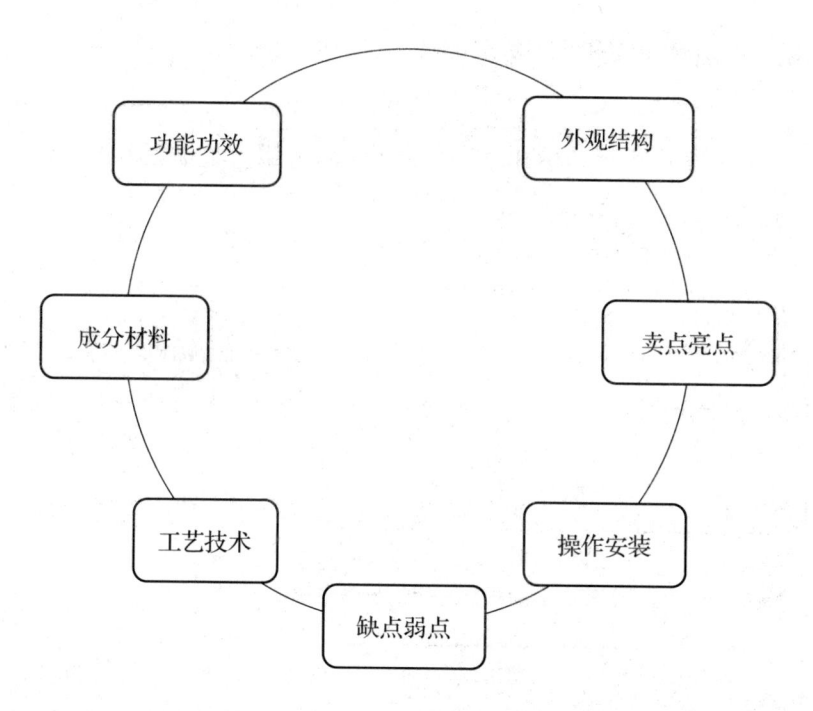

客服人员要比客户更加专业，更加了解店铺所售卖的商品。这种了解不仅仅限于表面的构造、使用、功能、优点、卖点，还必须对其缺点、注意事项、制造、工艺等都了如指掌，这样才能够做到准确推荐，合理规避售后风险。

商品培训做得越通透，给客服人员的自信心就越大。自信的客服人员的销售业绩往往都是数一数二的。试想，当客户问的问题他们都能自信地回复，那这个成交概率理所应当会大大提升。

总之，自信的客服人员是最有战斗力的。对于新招入的客服人员，高效的培训对建立客服人员的自信是很有必要的。做好客服人员的培训，尤其是重视对商品的培训，相信会对提升客服人员的自信心大有裨益。

◎ 5.1.3 用绩效管理激发客服人员的服务热情

做好了客服人员的培训之后，为了使得客服人员更好地工作，可以对客服人员进行绩效管理，如下图所示。

- 1 做好客服人员绩效考核的规则制定工作，为绩效管理做好制度保障
- 2 认真执行规章制度，及时根据实际情况作出调整

1. 做好客服人员绩效考核的规则制定工作，为绩效管理做好制度保障

制定考核规则的目的是为了客观公正地评价客服人员的工作业绩、工作能力及工作态度，为员工的薪酬决策、培训规划、职位晋升、岗位轮换等人力资源管理工作提供决策依据，促使客服人员不断地提高工作

绩效和自身能力，进而提升店铺的整体运行效率和经济效益。

考核内容包括客服人员的工作业绩、工作能力、工作态度等内容。工作业绩的考核属于 KPI（关键绩效指标）中的硬指标。这项内容的考核主要依据店铺月销售额、店铺 DSR 评分、店铺成交转化率均值、在线客服处理、超时发货比率、客户投诉量等来体现。

工作能力和工作态度都属于软指标。工作能力的考核，根据客服人员实际完成的工作成果及各方面的综合素质来评价其工作技能和水平，如专业知识掌握程度、学习新知识的能力、沟通技巧与语言文字表达能力、工作方法创新等。

工作态度的考核，主要是对客服人员平时的工作表现予以评价，包括处理客户纠纷、积极性、主动性、责任感、信息反馈的及时性等。

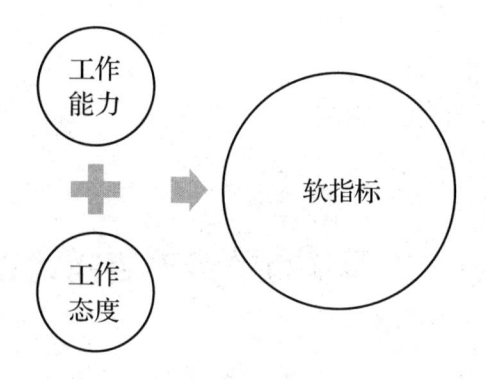

工作能力 + 工作态度 → 软指标

2. 认真执行规章制度，及时根据实际情况作出调整

根据公司绩效制度实施时间，结合客服岗位性质，对客服人员实施月度考核，其实施时间分别是次月的 5～10 日。具体实施过程如下：

（1）考核者依据制定的考核指标和评价标准，对被考核者的工作业绩、工作能力、工作态度等方面进行评估，确定其考核分值。

（2）考核者应熟悉绩效考核制度及流程，熟练使用相关考核工具。当月考核分值若有异常加减分项，应及时与被考核者沟通，既维护被考核者的知情权，同时也让被考核者得到肯定或有所警惕，客观公正地完成考评工作。

（3）绩效工资应与绩效分值挂钩。绩效分值的计算方法分为硬指标和软指标两种方式。硬指标评分分值设置最低值及封顶值，最低值为指标权重的50%，封顶值为指标权重的150%。通过此方法，适度调节各版块收入，防止两极分化。对于软指标考核应依据被考核者当月工作能力及工作态度进行评分，对于当月有突出表现或严重过失的，允许有超出权重的加减分项。

对于绩效管理的考核办法，每年初应根据电商企业的绩效计划，结合年度经营计划以及办法的实施效果等情况做相应更改，以更好地促进客服工作的开展。

5.2 让优质的售前服务有效带动店铺销售

一般来说，店铺的售前服务是店铺客服人员在顾客未接触产品之前所开展的一系列刺激顾客购买欲望的服务工作。

不同于售后服务，售前服务是要最大限度地协助客户做好购物规划和需求分析，这样才能最大化地使网上店铺的产品能够满足不同用户的需要。

可以说，售前服务是非常重要的。

◎ 5.2.1 客服人员售前服务中要注意的几大原则

对于网上店铺的售前客服人员来说，在对消费者提供服务时要注意下图中的五项原则：

- 诚信第一
- 话不要说满
- 做专业推介
- 保持相同的谈话方式
- 要有主见

1. 诚信第一

网购虽然方便快捷，但唯一的缺陷就是看不到、摸不着商品。顾客面对网上商品难免会有疑虑和戒心，所以客服人员对顾客必须要用一颗诚挚的心，像对待朋友一样对待顾客，包括诚实地解答顾客的疑问，诚实地告诉顾客商品的优缺点，诚实地向顾客推荐适合他的商品。

在介绍商品时切莫夸大其词地来介绍自己的商品，如果介绍与事实不符，最后失去信用也失去顾客。客服人员在介绍商品的时候，要正视商品本身的缺点。虽然商品的缺点本来是应该尽量避免触及，但如果因此而造成客户事后抱怨，反而会失去信用，得到差评也就在所难免了。

所以，客服人员要坦诚地让顾客了解到商品的缺点，努力让顾客知道商品的其他优点。先说缺点再说优点，这样会更容易被客户接受。

坚守诚信还表现在一旦答应顾客的要求，就应该切实地履行自己的承诺，哪怕自己吃点亏，也不能出尔反尔。

2. 话不要说满

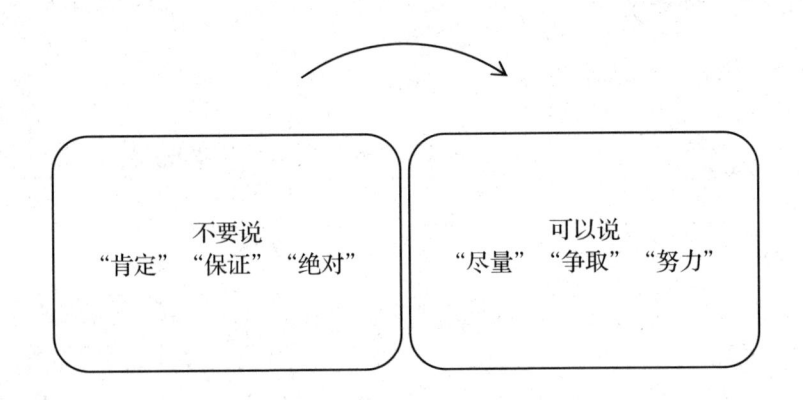

不要说 "肯定" "保证" "绝对"	可以说 "尽量" "争取" "努力"

客服人员在与顾客交流中，不要用"肯定""保证""绝对"等字样。这不等于说你售出的产品是次品，也不表示你对买家不负责任，而是不让顾客有失望的感觉。

因为我们每个人在购买商品的时候都会有一种期望，如果客服人员保证不了顾客的期望，最后就会变成顾客的失望。举一个简单的例子，比如化妆品，每个人的肤质本身就不同，客服人员能百分百保证你售出的产品在几天或一个月内一定能达到顾客想象的效果吗？为了不让顾客失望，最好不要轻易说"保证"。可以用"尽量""争取""努力"等词语，效果会更好。多给顾客一点真诚，也给自己留有一点余地。

3. 做专业推介

不是所有的顾客对所购商品都是了解和熟悉的。在顾客咨询的过程中，就需要客服人员为顾客解答，帮助顾客找到适合他们的商品。面对顾客，如果客服人员一问三不知，这样会让顾客感觉没有信任感，八成是不会选择购买店铺中的商品的。所以客服人员需要对店铺中的宝贝非常了解，掌握的商品业务知识足够多，起码要给客户以更加专业的感觉。

4. 保持相同的谈话方式

对于不同的顾客，客服人员应该尽量用和他们适合的谈话方式来交谈。如果对方是个年轻的妈妈，正打算给孩子选购商品，客服人员就应该站在母亲的立场，考虑孩子的需要，用比较成熟的语气来表述，这样更能得到顾客的信赖。如果客服人员自己表现得更像个孩子，顾客会对其推荐表示怀疑。

网络语言也要慎用。一切以更好的传情达意为主。有些顾客并不熟悉网络语言，如果客服人员常常使用网络语言，可能会造成交流的障碍。所以，客服人员跟顾客沟通的时候，要根据客户的年龄等因素来选择适合他们的语言，尽量不要使用太多的网络语言。

5. 要有主见

客服人员会经常遇到讨价还价的顾客，这个时候应当坚持自己的原则。如果商家在制定价格的时候已经决定不再议价，那么客服人员就应该向要求议价的顾客明确表示这个原则。

比如说邮费，如果顾客没有符合包邮条件，而给某位顾客免了邮费，会让其他顾客觉得不公平，使店铺失去纪律性，也会给顾客留下经营管理不正规的印象，从而轻视店铺。

顾客下次来购物，还会要求和上次一样的特殊待遇，或进行更多的议价。这样会导致客服人员需要投入更多的时间成本来应对。所以，客服人员要有主见，不要轻易在价格问题上妥协。

◎ 5.2.2 实现与客户的完美沟通

网购因为看不到实物，所以给人的感觉就比较虚幻。为了促成交易，客服人员必将扮演重要角色，因此客服人员交谈技巧的运用对促成订单至关重要。

- 端正态度，保持足够的耐心和热情
- 重视看不到的表情
- 真诚的态度体现在语言文字中
- 重视对话窗口的使用
- 因人而异，活用沟通技巧

1. 端正态度，保持足够的耐心和热情

树立端正、积极的态度对电商客服人员来说尤为重要。尤其是当售出的商品有了问题的时候，不管是顾客的错还是快递公司的问题，都应该及时解决，不能回避、推脱。积极主动地与客户进行沟通，了解情况，尽量让顾客觉得他是受尊重、受重视的，并尽快提出解决办法。在除了与顾客之间的金钱交易之外，还应该让顾客感觉到购物的满足感和乐趣。

客服人员常常会遇到一些顾客，喜欢打破砂锅问到底。这个时候就需要客服人员有足够的耐心和热情，细心地回复，给顾客一种信任感。这种情况下客服人员决不可表现出不耐烦，就算对方不买也要说声"欢迎下次光临"。如果客服人员的服务足够好，这次不成也许还有下次。

砍价是买家的天性，可以理解。在彼此能够接受的范围内可以适当地让一点儿利，如果确实不行也应该婉转地回绝。比如说"真的很抱歉，没能让您满意，我会争取努力改进"，或者引导买家换个角度来看这件商品，让他感觉货有所值，就不会太在意价格了。也可以建议顾客先货比三家。总之要让顾客感觉到客服人员是热情真诚的，切忌说一些伤害顾客自尊的话语。

2. 重视看不到的表情

虽然说网上与客户交流是看不见对方的，但只要客服人员是微笑的，言语之间是可以感受得到的。微笑是对顾客最好的欢迎，也是工作成功的象征。所以当迎接顾客时，哪怕只是一声轻声的问候也要送上一个真诚的微笑。此外，多用些表情符号，也能收到很好的效果。比如说"欢迎光临""感谢您的惠顾"等，都应该送上一个微笑，加与不加表情符号给人的感受是完全不同的。

3. 真诚的态度体现在语言文字中

俗话说"良言一句三冬暖，恶语伤人六月寒"，一句"欢迎光临"，一句"谢谢惠顾"，短短的几个字，却能够让顾客听起来非常舒服，产生意想不到的效果。

礼貌对客，真诚的问候，会让人有一种十分亲切的感觉，并且可以先培养一下感情，这样顾客的心理抵抗力就会减弱或者消失。

有时顾客只是随便到店里看看，客服人员也需要以礼相待。对于彬彬有礼、礼貌非凡的电商客服，谁都不会把他拒之门外的。诚心致谢是一种心理投资，不需要很大代价，但可以收到非常好的效果。沟通过程中多采用礼貌的态度、谦和的语气，就能顺利地与客户建立起良好的沟通。

平时要注意修炼自己的内功，同样一件事不同的表述方式就会表述出不同的意思。很多交易中的误会和纠纷就是因为语言表述不当而引起的。这需要注意以下几点：

- 少用"我"字，多使用"您"或者"咱们"
- 常用规范用语
- 尽量避免使用负面语言

少用"我"字，多使用"您"或者"咱们"这样的字眼，让顾客感觉客服人员在全心全意地为他考虑问题。

常用规范用语，如"请""您好""多谢支持""欢迎光临"等。

尽量避免使用负面语言，多从正面积极引导客户，帮助客户解决问题。负面语言会导致客户的反感，不利于双方后续的沟通。

4. 重视对话窗口的使用

以阿里旺旺为例，在旺旺上和顾客对话，客服人员应该尽量使用活泼生动的语气，不要让顾客感觉到怠慢了他。如果客服人员遇到没有合适的语言来回复顾客留言的时候，不妨使用一下旺旺表情。一个生动的表情能让顾客直接体会到客服人员的心情。

另外，我们可以通过设置快速回复来提前把常用的句子保存起来，这样在忙乱的时候可以快速地回复顾客。比如欢迎词、不讲价的解释、"请稍等"等，可以节约大量的时间。在日常回复中，发现哪些问题是顾客问得比较多的，也可以把回答内容保存起来，达到事半功倍的效果。

通过旺旺的状态设置，可以给店铺做宣传，比如在状态设置中写一些优惠措施、节假日提醒、推荐商品等。

如果暂时不在座位上，可以设置"自动回复"，不至于让顾客觉得自己好像没人搭理。也可以在自动回复中加上一些自己的话语，都能起到不错的效果。

5. 因人而异，活用沟通技巧

任何一种沟通技巧，都不是对所有客户一概而论的，针对不同的客户应该采用不同的沟通技巧。即：

（1）如果顾客对商品缺乏认识，那么他们对客服人员的依赖性就强。对于这样的顾客需要客服人员像对待朋友一样去细心地解答，多从他的角度考虑去给他推荐，并且告诉他推荐这些商品的原因。对于这样的顾客，客服人员的解释越细致，顾客就会越信赖客服人员。

（2）如果顾客对商品有些了解，但是一知半解时，这类顾客往往比较主观，易冲动，不太容易信赖商家。面对这样的顾客，客服人员就要控制情绪，有理有节、耐心地回答，向顾客展示丰富的专业知识，让其认识到自己的不足，从而增加对客服人员的信赖。

（3）如果顾客对商品非常了解，很有自信，面对这样的顾客，客服人员要表示出对顾客专业知识的欣赏，给他来自内行的推荐，让他感觉到自己真的被当成了内行的朋友，而且尊重他。

最好的方法是了解不同种类的顾客，如下图所示。

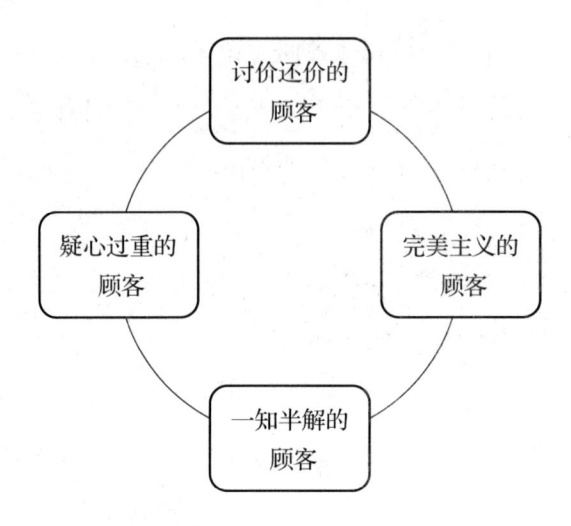

```
        ┌─────────┐
        │讨价还价的│
        │  顾客   │
        └─────────┘
┌─────────┐     ┌─────────┐
│疑心过重的│     │完美主义的│
│  顾客   │     │  顾客   │
└─────────┘     └─────────┘
        ┌─────────┐
        │一知半解的│
        │  顾客   │
        └─────────┘
```

除了上述几种顾客之外，还有不讨价还价的顾客、对价格死缠烂打的顾客，到底该如何对待呢？下面进行综合分析。

（1）对待不讨价还价的顾客，客服人员要表达感谢，并且主动告诉他店铺的优惠措施，让顾客感觉物超所值。

（2）对试探性还价的顾客，客服人员既要坚定地告诉他不能还价，同时也要态度和缓地告诉他商品的价格是物有所值的，并且谢谢顾客的理解和合作。

（3）对于在价格上死缠烂打的顾客，如果是无礼的要求，那么客服人员就不要被他各种威胁和请求所动摇。适当的时候可以建议顾客再看看其他便宜的商品。

（4）如果顾客对图片和商品的一致性表示怀疑，客服人员要耐心地给他解释，在肯定图片是实物拍摄的同时，要提醒他图片难免会有色差，不要把商品想象得太过完美。

（5）对特别挑剔、完美主义的顾客，客服人员除了要实事求是地介绍商品，还要实事求是地把一些可能存在的问题都介绍给他，告诉他没有东西是十全十美的。如果顾客还坚持要完美的商品，就应该委婉地建议他选择实体店去购买需要的商品。

5.3 做好售后服务，升级客户服务体验

与售前服务一样，售后服务也是十分重要的。

售后服务处于商品出售的后续追踪跟进阶段，售后服务人员要采取各种形式的配合步骤，通过售后服务来提高客户满意度，增加回头率。

◎ 5.3.1 重视售后，树立售后服务观念

售后服务是增值、保值的重要环节。一旦没有售后服务，业务就无法长期、快速、蓬勃地发展。电商都有一个目的，就是要把自己的商品卖出去。但是，多数人只是想到如何把东西卖出去，不去想顾客收到之后是否会喜欢。所以，一般大的网店的售后服务都是很专业的。

- •1 客服人员需要树立强烈的售后服务观念
- •2 交易结束后及时联系买家

1. 客服人员需要树立强烈的售后服务观念

售后服务是整个物品销售过程的重点之一。好的售后服务会带给买家非常好的购物体验，可能使这些买家成为店铺的忠实顾客，以后经常购买店铺内的商品。

做好售后服务，首先要树立正确的售后服务观念。服务观念是长期培养的一种个人（或者店铺）的魅力，客服人员都应该树立一种"真诚为客户服务"的观念。

服务有时很难做到让所有用户百分之百满意。但只要客服人员在"真诚为客户服务"的指导下，问心无愧地做好售后服务，相信一定会得到回报的。

客服人员应该重视和充分把握与买家交流的每一次机会。因为每一次交流都是一次难得的建立感情、增进了解、增强信任的机会。得到良好服务体验的买家也会把他们认为很好的卖家推荐给更多的朋友。

2. 交易结束后及时联系买家

物品成交后卖家应主动和买家联系，避免成交的买家由于没有及时联系而流失掉。

可以选择发送自己制作的成交邮件模版或者购货信息，包括银行账号、应付金额、汇款方式等。为了怕收到很多相同金额的汇款，可以加入编号一栏让买家汇款的时候注明，这样也方便你查寻。

为了避免冲动性购物的买家流失掉，趁热打铁至关重要。建议物品成交的当天就发出成交邮件。

由于网络有时不稳定，有些买家的邮箱不一定能够收到你的邮件。因此如果当你的顾客两天内没有回复你的邮件，你可以主动打电话询问他是否收到成交邮件或者短信息留言。

◎ 5.3.2 面对投诉，巧妙化解客户的不满和愤怒

不是每一件商品都能让顾客满意，在网上开店总会遇到商品质量有问题、运输过程中出现问题，或是比较挑剔的买家，这个时候，我们有可能会碰到客户投诉。

这时，如果客服人员不把客户当回事，必然会引起投诉的升级。这也不是一个负责任的店铺应该有的态度。所以，对待投诉一定要引起店铺和客服人员的重视。

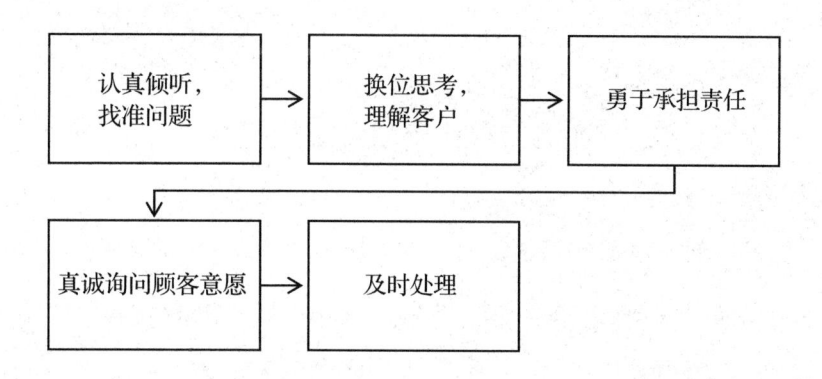

认真倾听，找准问题 → 换位思考，理解客户 → 勇于承担责任 → 真诚询问顾客意愿 → 及时处理

1. 认真倾听，找准问题

倾听是解决问题的前提。客服人员在倾听顾客投诉的时候，不但要听他表达的内容，还要注意他的语调与语气，这有助于了解顾客的情绪。

客服人员要通过解释与澄清确保真正了解了顾客的问题。客服人员可以在听了顾客反映的情况后，根据自己的理解向顾客复述一遍，并请教顾客自己的理解是否正确，显示出对他的尊重以及自己真诚地想了解问题。在听的过程中，要认真做好记录，注意捕捉顾客的投诉要点，以做到对顾客需求的准确把握，为处理投诉打好基础。

2. 换位思考，理解客户

客户投诉一般都是有原因的，如果有客户是无缘无故地投诉的，那么可能是遇上了骗子或者是同行在捣乱。

客服人员不能和顾客起冲突，一定要学会换位思考，不管顾客投诉什么问题，都要站在顾客的角度看待问题，先真诚地向顾客道歉，千万不要试图去制止顾客的火气，也不要指责顾客，要尊重他并让他适当地表达自己的不满。顾客往往会在平静下来后觉得之前的行为欠妥，甚至会向客服人员道歉，这个时候好多问题就都可以解决了。

当一个人被放到文明的环境中时，他也会用文明的方式解决问题；相反，如果他受到了不公正的待遇，他的投诉可能会变本加厉。

3. 勇于承担责任

商品检验得再仔细，也难免会有瑕疵品，追求完美的客户就会因为这个问题来投诉或者给差评。

出现这种情况，客服人员可以打电话跟顾客沟通，告诉顾客可以退款、换货。这是店铺本身的错误，就要尽可能地满足买家，可以提出下次光顾有优惠或者送赠品，以平息顾客的怒火。

当客服人员收到顾客的投诉时，无论是不是店铺的问题，切记不可推卸责任，不管是何种原因引起的投诉，首先要向顾客真诚地道歉，承认自己的不足，然后双方再交流投诉产生的原因。客服人员此时如果推卸责任，那店铺很可能会永远失去这个顾客。

4. 真诚询问顾客意愿

顾客投诉，无非是想要一个答复，这时客服人员就不能以自己的意愿来解决问题。不要总是试图用以前解决同类问题的方式来解决当前的问题，因为不同的顾客有不同的想法，顾客可能并不想用你认为的恰当的方式来处理他的问题。

要倾听顾客内心的想法，有时顾客也许只想听到真诚的道歉和改进工作的保证，而不是经济方面的补偿。询问清楚顾客的意愿，才能真正做到让顾客满意，让其撤销投诉。

5. 及时处理

顾客有投诉，客服人员要及时放下手上的工作去处理，这样顾客才会觉得有被重视的感觉。如果等过几天才打电话给顾客，一旦解决问题的时间被拖延，不论结果如何顾客都不会满意，而且拖得越久，处理投诉的代价越大。

顾客的投诉、抱怨，说到底都是要求解决问题，买家投诉都是因为自己的利益问题，往往是希望得到补偿，这种补偿有可能是货物上的，比如更换产品、退货，或赠送产品等，有些买家可能需要的就是一声抱歉。解决投诉，有时可以物质和精神补偿同时进行，多一点补偿，让买家得到额外的收获，他们很可能会理解客服人员的诚意进而撤销投诉。

客户服务，客户为主，服务第一，店长也可以给予客服人员足够的权力，比如给客户小礼品之类的。

如果客服人员了解了投诉的原因，并且及时采取了措施加以解决，说不定还能为店铺带来回头客，将处理投诉变成了二次营销。

营销篇

第 6 章　电商营销管理：让管理促进营销

  一个企业能够获得稳健发展，有许多不可或缺的条件，其中就包括高水平的营销管理。因为所有企业，包括电商，它们的所有活动都是围绕营销来进行的，而且企业最终的目的就是盈利。

  科学营销管理是制定正确的营销策略，实现企业营销目标的一个重要保障。只有正确科学地实施营销管理，认识营销管理的重要性，企业才能真正发展起来，实现企业营销目标。电商作为当今市场上一支重要力量，更是要注重营销管理对自身的促进作用。

6.1 基于电商模式下的营销管理

正因为互联网的快速发展,越来越多的人在各个方面选择使用智能手机、平板电脑,网上购物更是如此。那么,在今天这个电商时代,店铺人员该如何抓住消费者的习惯,进行营销管理呢?

◎ 6.1.1 营销管理的定义

许多人都知道营销,知道管理,但是对营销管理的概念就比较陌生了。

管理就是监督、指挥、指导、控制的简单说法,是对于人或事,对于单位或个人进行的管控、制约和引导。

营销则是对企业或个人提供的产品或劳务进行销售的活动。管理可能涉及到营销活动的管理。营销需要根据对客户需要及行为的深刻了解,在所有方面和行为中贯彻一套特定的程序、理念和价值观,以便能比竞争对手更好地满足顾客要求。

营销的要素包括:产品、促销、地点、价格。营销活动中,也有相关的管理问题,比如对于营销团队的管理,对于营销活动的管理等。

营销管理是指为了实现企业或组织目标,建立和保持与目标市场之间的互利的交换关系,而对设计项目的分析、规划、实施和控制。

产品

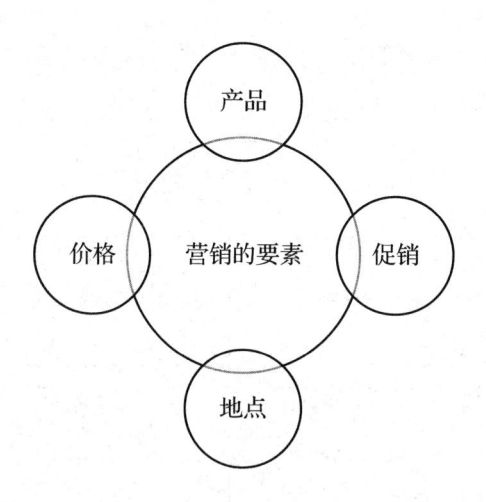

价格　营销的要素　促销

地点

营销管理的实质是需求管理，即对需求的水平、时机和性质进行有效的调解。在营销管理实践中，企业通常需要预先设定一个预期的市场需求水平。然而，实际的市场需求水平可能与预期的市场需求水平并不一致。这就需要企业营销管理者针对不同的需求情况，采取不同的营销管理对策，进而有效地满足市场需求，确保企业目标的实现。

◎ 6.1.2 营销管理中涉及的五种需求

营销管理中涉及的五种需求是：满足企业的需求、满足消费者的需求、满足经销商的需求、满足终端的需求、满足销售队伍的需求。

满足企业的需求是第一位的。营销管理是对企业需求的管理，以满足企业的需求为根本。营销管理人员需要考虑的重要数据包括利润、投资回报率等。这都说明了营销管理要以满足企业的需求为根本。

虽然企业的需求是根本，但在具体落实企业需求的过程中，要充

分考虑到其他四个方面的需求。因为有任何一方的需求无法满足或严重失衡，都可能导致企业整体的营销失败。营销的失败就是营销管理的失败，就是企业的失败。

```
┌─────────────────┐    ┌─────────────────┐
│  满足企业的需求  │    │ 满足消费者的需求 │
└─────────────────┘    └─────────────────┘

┌─────────────────┐    ┌─────────────────┐
│ 满足经销商的需求 │    │  满足终端的需求  │
└─────────────────┘    └─────────────────┘

        ┌─────────────────┐
        │   满足销售队伍的  │
        │       需求       │
        └─────────────────┘
```

需求的确定问题涉及到企业的很多方面，企业强调团队合作，强调供应链，因此各个环节的需求都要考虑到，这样的营销政策才是好政策。

但在营销中，企业制定营销政策，要充分考虑营销政策推行的各个方面，其中主要是企业、消费者、经销商、终端、销售队伍这五个方面。

1. 满足企业的需求

企业追求可持续发展，说白了就是可持续赚钱。企业可以短期不盈利，去扩张，去追求发展，但最终目的是盈利。所有的人员、资金、管理等都是为企业实现可以持续赚钱的手段。

按照营销理论，企业要坚持"4C"原则，以消费者为中心。但实际上，"以消费者为中心"只是企业思考问题的方式，企业要按照自己的利益来真正行动。企业管理者要把命运掌握在自己手上，要操控市场，要掌握市场的主动权。企业发展的不同阶段，市场发展的不同阶段，企业有不同的需求。

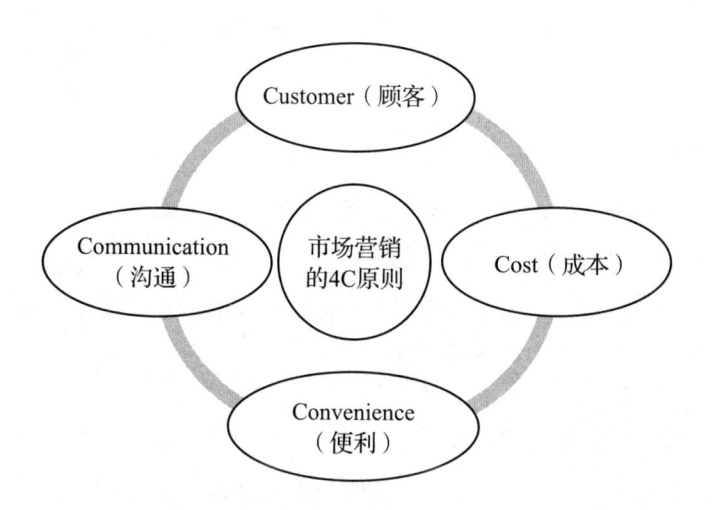

```
         Customer（顾客）

Communication    市场营销      Cost（成本）
 （沟通）       的4C原则

         Convenience
          （便利）
```

（1）市场孕育期，企业开发了创新产品。企业面临两个问题：一是要迅速完成资金的原始积累，二是要迅速打开市场。所以此时企业可能采取急功近利的操作手法，怎么来钱就怎么来，怎么出销量就怎么来。可能采取的政策是高提成、高返利、做大户等。

（2）市场成长期，企业飞速发展，出现了类似的竞争对手。因此企业要用比对手快的速度，扩大市场份额，占领市场制高点。可能采取的措施是开发多品种、完善渠道规划、激励经销商等。

（3）市场成熟期，此阶段企业需要延续产品的生命周期。企业要追求稳定的现金流量，同时还要开发其他产品。这时企业要不断推出花样翻新的促销政策。

（4）市场衰退期，企业一般的做法是尽快回收投资，变现。

从上面简单的生命周期描述中，我们看到，不同阶段企业有不同需求，而满足企业需求是第一位的。

营销管理是对企业需求的管理，以满足企业的需求为根本。所以作为营销决策者首先要考虑："我的老板要求我做什么？公司现在需要我做什么？股东需要我做什么？"然后在具体落实企业需求的过程中，考虑下面的四个需求。

2. 满足消费者的需求

中国的消费者是不成熟的，所以才容易被企业误导，策划人搞得概念满天飞，风光三五年。

真实的、理性的消费者需求是什么呢？消费者对好的产品质量有需求，消费者对合理的价格有需求，消费者对良好的售后服务有需求。消费者的需求对企业来说是最重要、最长久的，企业可以为了满足自身的短期利益，忽略消费者需求，但消费者是用"脚"投票的，他们会选择离开。

著名的春都，是一个靠火腿肠发家的上市公司。在20世纪90年代春都是中国知名企业，行业先锋，但在多元化战略下，它迷失了自己的方向，主营业务大幅萎缩。

为在价格战中取胜，春都竟然通过降低产品质量、损害消费者利益来降低生产成本，含肉量一度从85%降到15%，春都职工用自己公司的火腿肠喂狗，戏称为"面棍"。只考虑自己的需求，而没满足消费者的需求的春都，为此付出了惨重代价，销量直线下滑，市场占有率从最高时的70%狂跌到不足10%。春都最终的灭亡是必然的。

道理是相通的。不论是传统企业还是电商企业，如果只考虑自身的利益而忽视了消费者的利益，则终究会受到市场的惩罚、消费者的唾骂。

电商如果背弃了消费者的利益，消费者同样是不买账的。有贝贝网的商家在微博上爆料，贝贝网平台主动要求商家恶意刷单，必须通过制造虚假成交才能给商家排期安排相应的位置。除此之外，不少用户反映贝贝网所售的奶粉、纸尿裤、面膜等都存在假货嫌疑。

近年来母婴电商"忽如一夜春风来,千家万家母婴电商跑起来",可谓是火得"一塌糊涂"。随着政策和二孩人口红利,蜜芽、贝贝等母婴电商纷纷"拓疆扩土"。在这些垂直类母婴电商的竞技中,有的是真正的领跑,有的只是通过刷单售假,制造"数据瞬间繁华"。数据监测显示,贝贝网在网络零售电商中的投诉占比为1.26%。

除了母婴电商问题不断之外,以拼多多、拼好货、贝贝拼团、闪电购、51拼团等为典型代表的社交拼团网站快速发展的背后也存在隐忧,并且将麻烦转嫁到消费者头上。具体表现为水果腐烂严重、产品质量不过关、商家欺诈、虚假发货、刷单等问题。拼多多以7.24%的占比成为2016年上半年被投诉网络零售电商次数第一名。

海淘市场电商在满足消费者需求方面的表现也欠佳。目前海淘市场中涌现出大量海淘帮手或转运平台,但服务良莠不齐。以转运四方、海带宝、斑马物联网、美国快递、法国快运等为代表的海淘转运平台遭到不少用户投诉,称存在发货慢、丢件、私自处理客户商品、虚假宣传、欺骗关税、客服联系不上等问题。

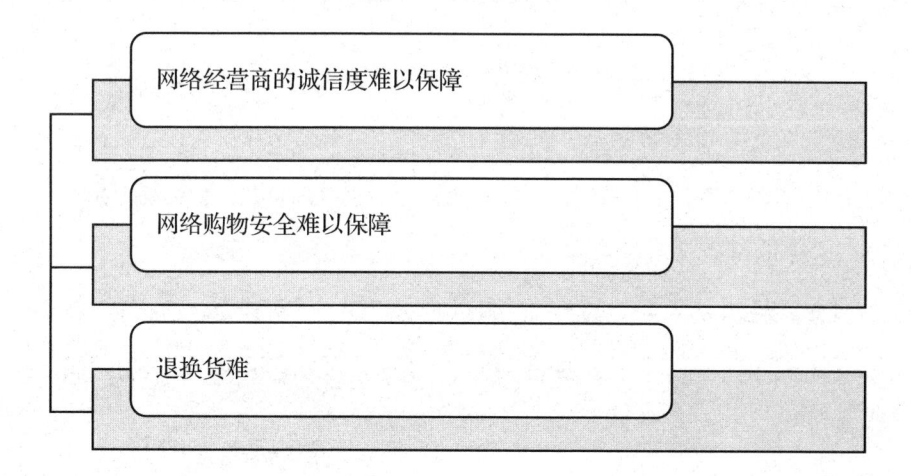

- 网络经营商的诚信度难以保障
- 网络购物安全难以保障
- 退换货难

企业可以在一段时间欺骗所有的消费者，也可以在所有的时候欺骗一个消费者。但是，群众的眼睛是雪亮的，企业不可能在所有的时候欺骗所有的人。所以对企业来说，满足消费者的需求是企业存在的价值，是企业最长久的保障。在满足需求的基础上，企业还要发掘需求，引导消费的潮流。

3.满足经销商的需求

什么是经销商的需求？如下图所示：

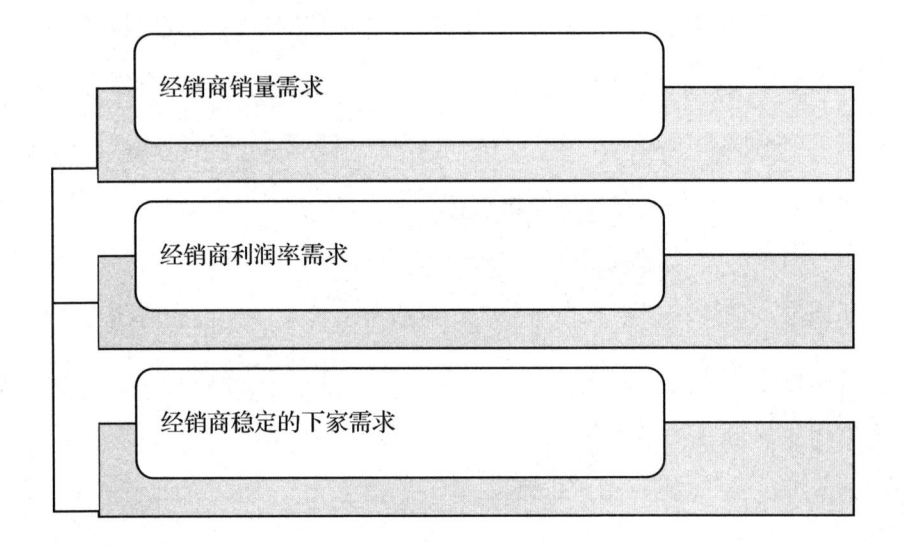

- 经销商销量需求
- 经销商利润率需求
- 经销商稳定的下家需求

经销商的需求是经常变动的，但归根结底是以下三个方面：

（1）经销商销量需求。如果你的产品是畅销产品，不愁卖，这个时候经销商可能只需要销量。因为他知道，你的货可以带动其他货的销售，这样他可以从其他货中赚钱。

（2）经销商利润率需求。如果你的产品是新产品，这时经销商期望比较高的毛利。你的货可以走得慢，但是很赚钱，这样他也满意。

（3）经销商稳定的下家需求。如果你的货物实在紧俏，零售店非有不可，你给经销商货，经销商就可以用这个产品建立渠道，维护自己渠道的忠诚。当然，如果你可以帮助他做管理，管理渠道、管理终端，这样你也满足了他的需求。

企业在制定营销政策时，要知道经销商的需求是什么，经销商是要长远发展，还是要短期盈利。企业制定政策时，要考虑到经销商的发展，而不是仅仅从企业自身出发，也不能仅仅从消费者的角度出发。

毕竟在有些行业，经销商是不可或缺的。经销商也有发展阶段，他在创业阶段需要你给他指点，需要你给他支持。当他的网络已经形成、管理基本规范时，他最需要的就是利润。不同发展阶段，他的需求是不同的。

企业要针对经销商的实际需要，不断制定出符合经销商的销售政策、产品政策、促销政策。

4. 满足终端的需求

很多企业强调"终端为王"，终端也确实成了王。某些特殊地位的"超级终端"索取进场费、陈列费、店庆费等就不说了，让人十分恼火的是，有些中小终端——超市动不动就玩倒闭。

做终端风险和成本都很大，到底企业做不做终端，怎么做终端，这些成了很多老板两难的选择。按照未来的渠道发展趋势，终端是做也得做、不做也得做，关键是怎么做。所以，很多企业都有终端策略，制定区别于经销商的终端政策，满足终端的需求。

终端的需求越来越多，尤其是连锁商家，更是"难缠"。因为国美等连锁家电的存在而导致创维这样的彩电巨头都要采取"第三条道路"。

手机行业的连锁巨头也很"可怕",上百家连锁店迫使厂家对其出台倾斜政策。终端和经销商同为渠道的组成部分,如果让厂家做出选择,宁肯选择终端,而不是选择经销商。做终端的办法,很多企业各不一样。宝洁公司的市场人员就只做终端的维护和支持,而不管窜货、不管价格。在宝洁眼中,终端比经销商更重要。毕竟是终端的三尺柜台决定了厂家的最终成败。

5. 满足销售队伍的需求

销售队伍是最容易被忽略的,因为是自己人,所以先满足外人的利益,如果有剩余才用来满足销售队伍的利益,这是很多老板的做法。表面上看销售队伍不是很重要,只要赚钱就会跟公司走,但是一个销售代表的背叛可能导致一个地区业务的失控。

任何营销政策,最终都靠销售队伍来贯彻,销售代表执行力度的大小,可能比政策本身的好坏更重要。这是个"打群架"的时代,营销竞争是靠团队的,所有的经销商、终端、消费者的需求,都要通过销售队伍来满足。

销售队伍的需求有哪些呢?无外乎生存和发展,销售队伍对合理的待遇有需求,对培训机会有需求,对发展空间有需求。因此,企业要在不同阶段发掘销售队伍的需求,尽量来满足他们。

企业需求是根本,是营销管理的出发点。其中消费者的需求、经销商的需求、终端的需求是串联的,一个环节没满足,就会使营销政策的执行出现偏差。一个环节"不爽",就可能导致企业"不爽"。

作为营销管理者,要从这五个方面出发来考虑营销问题。如果营销出了问题,就一定是这五个方面出了问题。优秀的营销管理者,要善于分析这五个方面，善于平衡这五个方面的资源投入，取得营销的最佳效果。

营销，不仅仅是"销"，也不完全是"赢"，更主要的体现在"营"，追求不断完善的过程，让营销管理走向一个又一个新的高峰。

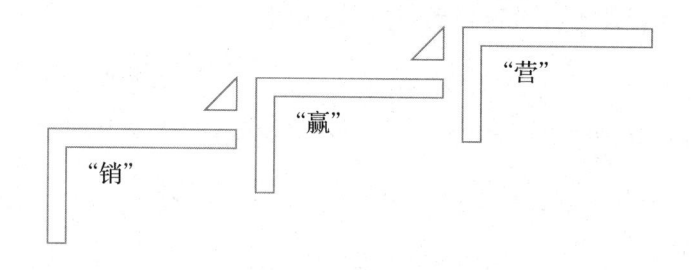

"销" → "赢" → "营"

6.2 电商时代应该采取的营销策略

我们知道，营销管理是需求的管理，在五种需求当中，由于经营模式相对于传统企业有了明显的变化，电商企业在营销管理中最重要的就是满足客户，即消费者的需求。

电商将电子商务作为自己的贸易方式，借助互联网的即时互动，缩小了生产与消费之间、市场营销者与顾客之间的距离，使消费者行为发生了一些有别于传统行为模式的新变化。为了更好地满足在互联网这个大的平台下消费者的需求，就需要认清消费者的需求变化。

电商只有了解了这些变化，适应了这些变化，才能制定正确的营销策略，在市场竞争中取得优势。

◎ 6.2.1 电商时代的消费者

伴随着电商时代的到来，人们的生产方式、思维方式、生活方式及其他活动方式发生了深刻的变化。

消费方式既受到技术进步、电子网络普及、数字化变革的直接影响，同时也受到由此而引起的人们观念、思维模式变化所带来的深层次的作用。电商时代对消费的影响是巨大的，主要表现在以下几个方面。

```
                消费领域拓宽，
                消费方式多样

消费者价值观转变，              消费结构趋于合理，
  消费观提升                    消费阶段向上更替

                消费满足感更高，
                消费个性更强
```

1. 消费领域拓宽，消费方式多样

"网络化"的来临，促使消费领域不断拓宽，为人们的消费提供了前所未有的方式上的变化和范围上的扩展，使得人们更方便、更准确地获得信息咨询服务和新的消费机会。

电商时代，网上消费成为人们获取知识、休闲消费的一种主要渠道，展现了一片消费新天地。从网上获取信息克服了以往时间上、空间

上、渠道上的不畅，使人们足不出户即可通晓天下事。网上聊天改变了以往面对面、高局限性的形式，大大拓宽了人们的交往视野。

2. 消费结构趋于合理，消费阶段向上更替

"互联网+"带动了整个社会经济的飞速发展，社会财富迅速积累，信息已经深入到每个消费层面的每一环节，覆盖了每个消费品种。人们在信息日趋对称的条件下，作出的消费选择必然更文明合理。电商时代将推动个人消费层次提高，起到促进消费结构日益合理、加快消费阶段更替的作用。

3. 消费满足感更高，消费个性更强

消费风险主要是指消费者头脑中对某项购买可能产生的结果没有明确的答案，对他们制定购买决策和使用产品可能带来的得失捉摸不定。

电商时代促使各类厂商、服务商提供商品信息竞争，使消费者获得的信息量有可能最大化，这就为消费者克服由于信息不对称而引起的消费风险提供了"保险"措施。消费者不会在商品的汪洋大海面前不知所措，购买行为更具理性，满足感更高。

电商要帮助个人满足其独特的需求，而不是按一个大众的标准来寻找大批的消费者。这是电商必须要考虑的问题。

4. 消费者价值观转变，消费观提升

电商时代，人们的消费观更加倾向于直面人生、积极进取、贴近大自然、终生追求知识。

消费者价值观的变化也直接带动了消费行为的变化。消费行为由"量的消费"已逐步提高到"质的消费"，对商品品质、服务水准要求日增。电商应该迎合消费者的需求变化，为消费者提供更高质量的商品和服务。

◎ 6.2.2 消费者需求的变化

电商通过网络将消费者带入交易环境，消费者需求也随之发生改变。

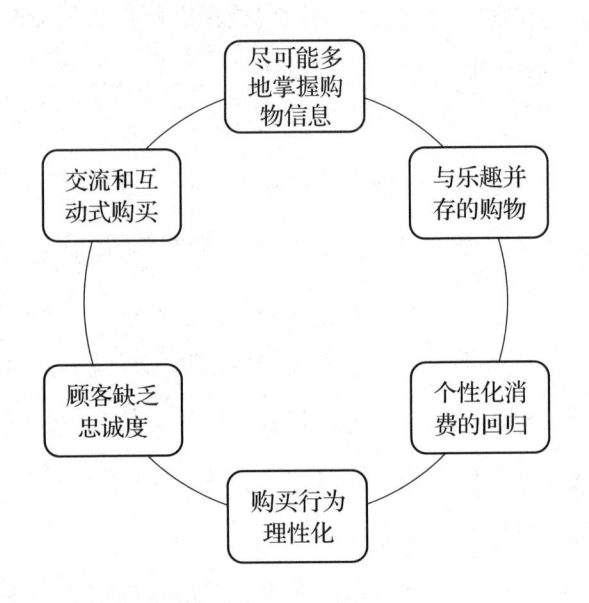

```
        尽可能多
        地掌握购
        物信息

交流和互              与乐趣并
动式购买              存的购物


顾客缺乏              个性化消
忠诚度                费的回归

        购买行为
        理性化
```

1. 尽可能多地掌握购物信息

电子商务由于对市场供需具有强大的匹配能力以及市场信息充分公开，竞争者之间的价格透明化，致使企业之间的价格竞争激烈。

消费者经常大范围地快速比较、选择，希望所购买的商品性价比最优，各类搜索引擎也让他们成为信息更加完全的消费者。电子商务比任何一种方式都更快捷、更直观、更有效地把信息传递给消费者，其传播效果是传统的传播工具所无法比拟的。由此，产品的定价受到了同类产品价格无形的制约。

2. 与乐趣并存的购物

进行网购的消费者，在购物心态上大致分为两类。

（1）消费者由于生活节奏的快速和工作压力的增大，在网络上购物时，注重的是时间和劳动成本的节省，特别是一些固定使用某些品牌商品的消费者。这种消费者通常购买的是日用品，对产品的差别性要求不同，但对价格相对比较敏感。

（2）因为有大把时间，希望通过购物带来乐趣，满足心理的猎奇需求，这种消费者通常购买的是一些个性化产品，对价格不敏感。

好多电商推出直播营销、粉丝营销、网红营销等新的营销手段，也是在努力满足网购消费者娱乐化的购物体验。

3. 个性化消费的回归

大部分的消费者追求并易于接受新的思想和事物，在购物过程中注重产品的差别性，要求每件产品都要根据他们的个人爱好和需要定做，强调个性和特性。

4. 购买行为理性化

网购的目的性相对比较明确，购买行为趋向理性化。电商时代，消费者可以完全理性地规范自己的消费行为，不会再被现实购物中现场铺天盖地的广告和促销及他人的购买行为等因素的影响所左右，他们可以对产品的各个属性进行综合的考虑和权衡，以决定是否购买，从而使得购买行为趋向理性化。

5. 顾客缺乏忠诚度

大部分的网络消费者习惯于在网站与网站之间频繁地转换、浏览，比较和选择的空间增大了，导致了顾客轻易放弃并轻易地转向其他商家进行购买。

6. 交流和互动式购买

由于网络具有可以快速进行交流和互动的特性，电子商务环境下的信息沟通是双向沟通，消费者与企业可以实现即时互动，可以实现一对一的双向交互。

消费者可以及时向商家提出自己的想法和建议，自觉不自觉地参与到企业的产品开发和改进工作中。比如小米手机的粉丝营销策略就十分注重让粉丝参与到产品的研发中去。粉丝营销、直播营销等，都体现了消费者对于购物时有更多的交流和互动的需求变化。

◎ 6.2.3 电商应对新需求时采取的营销管理策略

营销，就是发现、满足、引导消费者需求的过程。营销管理中如果消费者的需求发生了变化，那么营销管理也必须作出调整，以求适应这种新的变化。面对电商时代的消费者，电商应该如何进行营销管理呢？

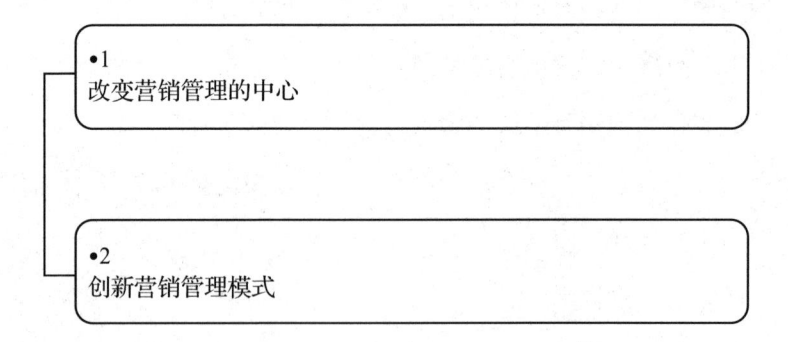

- 1 改变营销管理的中心
- 2 创新营销管理模式

1. 改变营销管理的中心

电商应该将营销管理看作是一个使生产者、经营者、消费者、政府和社会都能获益的过程,其核心是以人为本、以消费者为中心,实现人性化经营。

电商的营销重心应当放到客户身上,"以客户为中心""满足客户需求"。网上交易无疑为商家和顾客的准确、有效、快捷沟通创造了良好的条件,应充分利用电子商务快捷方便、全天候、交互方式不受地域限制,容易获得用户的反馈信息等特点提供企业及其产品的信息或客户所需的服务。

消费者消费的主动性加强了,可以直接在网购平台表达自己的独特要求,甚至可以参与新产品的开发和研究,参与到电商的生产经营过程中。从而使消费者的个性化需求得以满足,也使电商由于市场不确定性因素的减少,更易于把握市场需求,更好地服务于消费者。

电商可以根据市场的发展,在更高层次上以更有效的方式在自身与顾客之间建立起有别于传统的、新型的主动型关系,可以为客户提供一体化、系统化的解决方案并提高产品与需求的对应程度,从而建立起有机联系,形成互相需求、利益共享、共同发展的关系,进而达到整体最优。可以看出:只有在电子商务环境下才能真正实现以客户为中心,真正做到以人为本和人性化经营,真正满足客户的需求,也最终使企业在激烈的竞争中良性生存和发展。

2. 创新营销管理模式

电子商务克服了传统营销中的客户由于时间和空间的限制而具有明显的地域性限制,使客户遍及全球。

作为一种交易手段,因其直接进行及交易环节的减少而使交易费用大为降低,使消费者直接受益,也使企业更加有效地控制库存,大大降低了企业的成本,减少了消费者的负担。网上销售、网上采购、交易电

子化无疑大大方便了企业，方便了消费者。

企业在网络营销环境下，根据大量的消费者需求的个性特点及其共性，将其整理、统计、分析和归类，采用"大规模量身定做"式生产方式，突破了传统营销环境下无法大规模集结市场特殊需求，只能小批量生产特殊款式产品的局限。

任何过去无法开通流水线生产的特殊款式的产品，通过网络进行全球范围的市场集结都可以形成"批量"，可以由特殊转化为"常规"，从而可以按照相应的规格要求进行批量生产，而且更重要的是集结这一全球市场所需要的费用正因网络经济的扩展速度而迅速下降。

所以，企业必须抢占网络先机，在充分了解顾客需求的基础上，量身定做适合其所用的物品与服务，如针对企业特殊需求的各种电子商务服务和软件服务等，这样可更有效地巩固和吸引客户。

总之，一个致力于提高客户满意度，体现对客户的人文关怀并实现对客户个性化需求快速响应的人性化经营的电商企业，才是这个电商时代最有活力的企业、最有发展前途的企业。

6.3 从营销策略中解读电商营销管理思想

电商营销策略是电商营销管理思想的综合体现，又是电商营销决策的基础。制定正确的电商市场营销策略，是研究和制定正确的市场营销决策的出发点。企业营销战略的选择又取决于各个公司的规模及其在行业中的地位。下面我们以当当网和京东商城的营销策略为例进行说明。

第6章 电商营销管理：让管理促进营销

◎ 6.3.1 当当网的营销策略

当当网是全球知名的综合性网上购物商城，由国内著名出版机构科文公司、美国老虎基金、美国IDG集团、卢森堡剑桥集团、亚洲创业投机基金共同投资成立，属于一个B2C网上商店，自1999年11月开通。

当当网目前是全球最大的中文网上图书音像商城，面向全世界中文读者提供近30多万种中文图书和音像商品，每天为成千上万的消费者提供方便、快捷的服务，给网上购物者带来极大的方便和实惠。

2016年5月28日，当当宣布与当当控股有限公司和当当合并有限公司签署最终的合并协议与计划。2016年9月12日，当当股东投票批准了该私有化协议。当当从纽交所退市，变成一家私人控股企业。

当当的营销策略充分体现了以客户为中心的理念，注重满足消费者的多样化需求的营销管理思想。

1. 产品策略

当当网经营商品种类繁多,有图书、音乐、音像、软件、杂志、百货、数码、化妆品等。当当提出了"三条腿走路"的产品策略:自卖产品,专业商家入驻和个人交易结合,全面拓展产品的丰富度和个性化。

有数据显示,当当以数码、家居用品、化妆品为主的百货业比重已经占据当当总营业额的60%。同时,当当在开辟专题商城。如推出的"香港商城",这种网上购物商城除了以"低价"为长期优势外,更重要的是严选精品。

可见,多样化、专题化是当当最明显的产品策略。这有利于消费者更便捷、更有效地锁定自己的需求,从而进一步实现需求。

2. 价格策略

当当网价格策略最明显的是薄利多销。当当打出的口号是"低价"和"天天低价",而且低价可以通过网上的比价系统来支持和实现。

这个系统通过互联网每天实时查询所有网上销售的图书音像商品信息,一旦发现其他网站商品价格比当当网的价格还低,将自动调低当当网同类商品的价格,保持与竞争对手的价格优势。多品种的商品也可以支持低价的策略。

3. 促销策略

(1)当当常年不间断地在各大中小网站做广告宣传,可以实现品牌推广和认知度的提升,进而起到名牌效应。

(2)当当网开辟出了一块商品讨论区,通过互动交流得出一些书籍、音像的评论,这些评论能对潜在购买者有很强的购买引导性。

(3)与类似豆瓣这样的书评网站做链接,以获得更多的流量和关注。

(4)免费发放网上购物优惠券和不间断的打折优惠,尤其是节日,打折和一些优惠措施会更多。

（5）当当网的网络会员制营销实际上也是通过链接，使潜在顾客去当当网注册成为新会员，使之增加浏览量、知名度和由潜在顾客转为实际购买者。

4. 完善的客户关系管理策略

当当网推出"为你推荐"功能，该系统通过对顾客历史数据的分析，根据不同顾客的购物习惯向他们推荐针对其个人的商品。

这样的个性化推荐把用户从海量的商品信息中解放出来，极大地减少了用户的时间成本，通过强大的系统分析，实际上做到了顾客给自己推荐商品，成为自己的顾问。具体方式有网络会员制、内部 E-mail 商品、手机商品，达到向顾客促销的目的。

当当营销策略中体现出的优势有哪些呢？

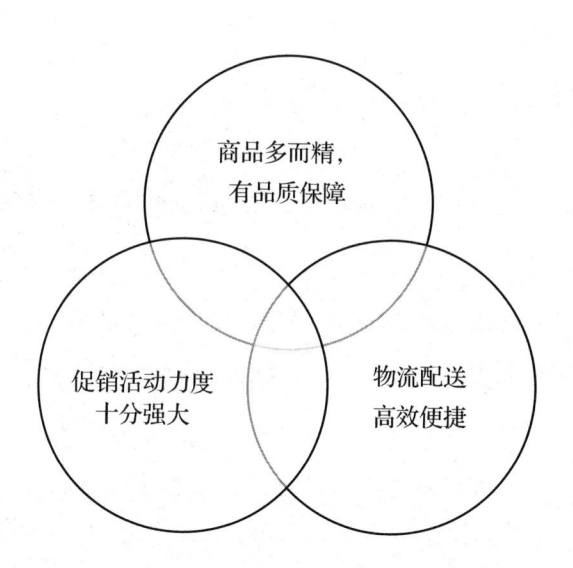

（1）商品多而精，有品质保障。从单一化的图书，到音像、化妆品、数码、百货，当当网在走产品多样化的路线时，十分注意商品的优

质。只卖正版书，只销售正品，是当当网一直奉行的原则。当当网商品的绝对优质在消费者心目中建立起了良好的形象。

（2）促销活动力度十分强大。这与当当网所倡导的"实惠到家"的理念相吻合，无形中提供了在消费者心目中的知名度，使得薄利多销的策略更加易于施行。

（3）物流配送高效快捷。遍布全国的当当网物流配送团队给消费者留下了十分深刻的印象。当当网选择与各个城市的本土物流公司合作，运用精巧的运筹技术，使得客户在最短的时间内拿到所购买的商品。

当当网推出极受欢迎的"货到付款，送货上门"服务，有了强大的物流体系作为支撑，能够满足消费者多样的付款方式，深受消费者赞赏。

◎ 6.3.2 京东商城的营销策略

京东商城是中国 B2C 市场上最大的 3C 网购专业平台和最具影响力的电子商务网站之一。

京东秉承"以人为本的服务理念，全程为个人用户和企业用户提供人性化的亲情 360 全方位服务"，努力为用户创造亲切、轻松、愉悦的购物环境；拥有更为丰富的商品种类，凭借有竞争力的价格和逐渐完善的物流配送体系等优势，赢得市场占有率多年位居全行业首位的骄人成绩。

京东商城的营销管理是以营销组合理论为基础的。市场需求或多或少地在某种程度上受到所谓"营销变量"或"营销要素"的影响。

为了寻求一定的市场反应,企业要对这些要素进行有效的组合,从而满足市场需求,获得最大利润。具体主要从以下几个方面来谈:

1. 网络营销策略

京东商城提供的是商家对客户的商务模式(B2C),即企业通过互联网为消费者提供一个新型的购物环境,消费者通过网络在网上购物,并通过网络进行支付。

这种模式节省了商家和消费者大量的时间和精力,特别是对于那些平时十分忙碌或是经常上网的人来说,网购是一种十分方便快捷的购物方式。

但是,网上出售的商品都有一定的局限性,大部分商品都具有高度的标准化,都具有比较完善的行业标准,如3C类产品、图书音像制品等,在消费者进行选购的时候对这些商品的视、听、触等感觉体验要求较低,因此消费者可以根据自己的主观判断来选择自己喜欢的商品。由于在进行网购的时候,消费者与商家并不是直接进行接触,因此如京东商城这类B2C电子商务企业就显得十分重要。

网络是一个虚拟的世界,如果没有一个像京东这样的网上交易平

台，顾客就很难放心大胆地进行网上购物，也不可能有如此多种类的商品进行选择。

京东商城还担负着对顾客进行售后服务的义务。当顾客觉得商品质量出现问题时不仅可以向京东提出售后服务的要求，而且在京东的参与下，顾客还可以直接找到生产厂家解决问题。

2. 目标市场营销策略

京东的市场定位为中国最大的电脑数码通讯家用电器产品网上购物商城。

目标客户分为三类。

（1）从需求角度来看，主要是计算机通讯产品、新型数码产品、娱乐类电子产品和家用电器等消费人群或企业。

（2）从年龄角度来看，主要是18～35岁之间的年轻人，除企业用户外，大部分的个人用户为25～35岁的白领阶层。

（3）从职业角度来看，主要是公司白领、公务人员、事业单位员工、在校大学生和有稳定收入的网络爱好者。大学生是潜在消费群体。

3. 市场选择

京东商城集网上付款和到货付款于一体，最大地给顾客便利。注重用户体验感受，提供舒适的购物环境。京东CEO刘强东说："京东80%都是老客户。"

4. 定价策略

京东招聘5000人规模的价格情报员队伍，提供客户端比价服务，保证京东便宜10%，如果没便宜10%将立即降价或现场发券确保便宜10%。

在产品上保证正品，享有全面的售后服务，如果不满意可以与生产厂商索赔或与京东联系。

众多的付款方式，可以网上支付，也可以分期付款，满足不同收入消费者在各种情况下的交易需求，更人性化。

5. 服务策略

京东有众多优质服务，很好地满足了消费者的购物体验，满足了消费者的需求。下面介绍其中的几种。

- 免运费配送
- GIS包裹实时跟踪系统
- 211限时达
- 500万元"先行赔付保证金"
- 全国范围上门取件

（1）免运费配送。目前京东商城的配送方案是满一定购物金额即可免费配送，不论件数，这对于广大消费者而言，有相当大的吸引力。

（2）GIS包裹实时跟踪系统。2011年2月28日，网络零售行业第一个GIS包裹实时跟踪系统在京东商城正式上线。京东商城所有配送员均配备了PDA设备，以便于客户实时地追踪自己购买的产品的配送进程。

消费者直接在网上可以查阅到包裹实时的地理位置，以及行进速度。甚至无须和呼叫中心确认，京东配送员就可以现场实现"价格保护"服务。在送货过程中，消费者无须通过页面操作就可以实现退换货服务。

（3）"211限时达"。2010年3月，京东商城推出"211限时达"极速配送服务。服务承诺：当日上午11∶00前提交现货订单（以订单进入出库状态时间点开始计算），当日送达；夜里11∶00前提交的现货订单（以订单进入出库状态时间点开始计算），第二天上午送达（14∶00前）。这个速度目前在中国电子商务企业还没有第二家能承诺。

（4）500万元"先行赔付保证金"。2010年，京东商城与中国消费者协会合作设立了高达五百万元的"先行赔付保证金"，成为迄今为止国内唯一一家推出"先行赔付"专项信誉质量保证金的零售企业。

（5）全国范围上门取件。2010年6月5日起，京东商城针对售后服务的上门取件范围扩展到全国。全体京东会员购买产品后出现任何问题，只需提交一个申请，其他都由京东负责处理。

第7章 粉丝营销：观众和粉丝的尖叫是营销的沸点

粉丝营销是指企业利用优秀的产品或企业知名度拉拢庞大的消费者群体作为粉丝，利用粉丝相互传导的方式，达到营销目的的商业理念。

它属于网络营销的一种。好多企业都有自己的粉丝，比如小米有"米"粉、苹果有"果"粉、华为有"花"粉，各种名目的粉丝层出不穷。从中也可窥见粉丝营销的火热。

从目的上看，粉丝营销本质上是对用户关系的一种强化，还起到了营销的效果。它可以帮助企业挖掘更多的潜在客户，降低销售的难度，树立品牌形象。

7.1 电商的粉丝经济时代

粉丝也叫拥趸,指对某物或某人狂热的爱好者。在微博、百度空间等多种网络空间里也有粉丝一词,这里的粉丝就是博主、空间主的支持者。

◎ 7.1.1 粉丝经济

由粉丝引出了一个时下很火热的概念:粉丝经济。

粉丝经济,泛指架构在粉丝和被关注者关系上的经营性创收行为。被关注者常为明星、偶像和行业名人等。

粉丝经济是一种通过提升用户黏性并以口碑营销形式获取经济利益与社会效益的商业运作模式。商家借助一定的平台,通过某个兴趣点或利益点聚集朋友圈、粉丝圈,给粉丝用户提供多样化、个性化的商品和服务,最终转化成消费,实现盈利。

粉丝经济最典型的应用领域是音乐。在音乐产业中真正贡献产值的是艺人粉丝,它由粉丝所购买的 CD、演唱会门票、彩铃下载和卡拉 OK 点歌版税等收入构成。

美国有这样一个理论:如果你拥有 1000 个粉丝,那你就会一辈子活下去。这句话想表达的意思是在粉丝经济时代,拥有粉丝对于企业的发展非常重要,粉丝就是力量。如"微博女王"姚晨,其微博一度被价值评估网站估值 3.2 亿元。

粉丝数量意味着影响力、经济价值，粉丝营销的根本在于粉丝之间的情感联动。互联网与社交媒体的兴起正使大众传播方式发生改变，粉丝价值凸显。

◎ 7.1.2 粉丝营销

粉丝营销（Fans Marketing）是指企业利用优秀的产品或企业知名度拉拢庞大的消费者群体作为粉丝，利用粉丝相互传导的方式，达到营销目的的商业理念。

平庸的产品和伟大的产品的区隔很大程度上就在于有没有"粉丝"。但利用程式化的市场营销手段，对塑造一个拥有巨大"粉丝"市场的品牌，其作用是有限的。

一个品牌之所以得到粉丝的拥护，不是因为这些工业化的产品营销手段使然，也不是因为这些品牌在媒体上王婆卖瓜的广告，而是因为这些品牌本身就没有销售者和使用者的界限，也没有买和卖的绝对立场关系。

这些伟大的品牌的创始人都狂热地热爱自己的产品和工作。正因为乔布斯狂热地追求用户体验，才有了 iMac 和 iPad 这样伟大的产品。

罗辑思维的罗振宇说过："未来的品牌没有粉丝迟早会死。未来很多企业可以没有自己的知名品牌，但是必须要有自己的粉丝会员，否则难以应对日益激烈的互联网竞争。"这也再次说明了粉丝的重要性。

◎ 7.1.3 粉丝营销的方式

随着社会的发展，粉丝经济已经远远超出了之前的影响范围和传统模式，慢慢渗透到多个领域。在互联网领域，小米、罗辑思维、"papi酱"等，都被誉为粉丝经济效应的代表。粉丝营销策略也被众多企业更多地关注和运用。

第7章
粉丝营销：观众和粉丝的尖叫是营销的沸点

互联网领域，粉丝经济玩得最好的是小米手机。小米公司通过构建社群、打造线上论坛，一直在为米粉增加集聚平台。

而罗辑思维初期也只是一个视频自媒体，随着点击率和粉丝数量的增加，逐步发展成为火爆的社群电商。创始人罗振宇表示，他的自媒体平台实质就是基于互联网的社群。2013年，罗辑思维首创互联网收费模式，在不承诺任何会员服务的前提下，第一次招募会员时，仅6个小时就募集了160万元会费。

粉丝的忠诚度与高黏性，让各路资本开始重视粉丝经济效应。随着电商移动化的步伐越来越快，抛开消费频次与购买额度不说，如何让用户时不时地都想打开自家APP，成为电商们首要考虑的问题。电商纷纷瞄准粉丝经济，模式多种多样。

"为自己代言"的聚美优品CEO陈欧，实际上是为自己省钱。利用明星式企业家的身份，陈欧团队自拍广告、参演网络电影、参加综艺节目，赚取销量，成本低廉、效率超高，获得大批忠实粉丝，通过自我营销手段，经营粉丝经济。

还有电商签约娱乐明星,通过明星的加盟来加强电商平台与粉丝的互动和参与感,以提高年轻消费者的黏性。例如,周杰伦签约唯品会CJO首席惊喜官;韩国歌手黄致列入职步步高旗下跨境电商云猴全球购,成为"全球首席买手"。

阿里方面表示,正是预测粉丝经济这一消费趋势的巨大转向,在阿里体系内,淘宝打造网红经济,天猫则重塑粉丝经济。

随着针对IP原创内容的虚拟消费体验升级,相应地,针对现实的购物体验也在升级。从消费者升级为粉丝,从商品消费升级为IP内容消费。这意味着天猫从人、货、场匹配的交易平台,开始向人、内容、消费互动消费平台转变,打造"IP—粉丝—品牌—消费者"互动的新生态产业链条。

智能硬件创新创业平台"硬蛋",也因其抓住了平台上的粉丝,才有了吸引智能硬件创业团队的能力,进而拥有变现的能力。苏宁借助目前的网络直播形式,也玩起了粉丝经济。

打开主流电商平台的APP,就能轻易发现,类似社区、论坛、发现等板块,都在力图吸引消费者成为自家的粉丝。电商企业中的网红,每家电商自身以及电商平台上的一些热门品牌,都有着自己的一众粉丝。不同电商平台,它的配送速度、购物体验和售后服务等,都对应着一部分粉丝客户群体。

一些中小企业到电商平台开店,与电商平台高企的流量成本相比,这些小微企业更倾向于粉丝经济。因为经营好粉丝经济,就是营造好了自身的流量市场,就会提高粉丝经济用户的黏性。

零售企业的粉丝经济雏形可以说源自早期的会员运营。苏宁认为,企业通过对会员的精准分析,通过产品、服务等不断强化用户的企业认同感。

但在互联网的背景下，用户的消费价值观，已经从原先单一的产品消费过渡到情感消费。在各种颠覆性新品不断涌现的情况下，仅靠产品本身的特点，很难再唤起用户的购买欲望。用户不仅需要产品带来的差异化"体验"，更需要有相同趣味的人形成一种情感上的共鸣。

移动互联网时代，电商的营销与发展，已经从流量经济转向粉丝经济。如果说，在PC端促销讲究玩花样，移动端促销讲究的则是对粉丝的维护。电商专家表示，与过去依托砸墙抢夺流量不同，当下电商以粉丝为核心，都在致力于打造忠诚的粉丝社群体系。

电商企业涉足粉丝经济，是因为现在用户对商品的黏性普遍较弱，而用户对人的黏性却比较高。用户对人有情感的寄托，电商采用这种模式也正是看中了这一点。

7.2 网店开展粉丝营销的一般策略

粉丝经济时代，不仅电商平台需要进行粉丝营销的战略考量，就连一般的网店主也要知道粉丝营销的策略。这对网店的运营和业绩的增长都是很有帮助的。

很多的网店，有大有小，在运营的过程中恐怕都遇到过这样的问题：不论采取什么措施，流量（尤其是收费的自然搜索流量）都很难打破，到达了一个瓶颈。

如今很多店铺短少的不是流量，而且维护流量的渠道。那么客户进

店后,如何牢牢抓住客户的心,提升客户的购物愿望呢?这需要用到网店粉丝营销的一般策略。

在网店的粉丝中,有一部分是网店的老顾客了,他们已经在店铺反复购过物;还有一部分是网店的新顾客,他们被网店的某些元素所吸引,只是店铺产品的观望者,还没有实际购物。面对老顾客和新顾客(我们都将其称为粉丝),我们的粉丝营销策略也是不一样的。

◎ 7.2.1 维护好老顾客,促进店铺稳定发展

老顾客对于店铺订单的稳定、新品上新的曝光率起着举足轻重的作用。新顾客看到新品,如果新品没有销量也没有评价,那么新顾客选择购买的可能性会很低。即使图片再美观、产品看上去再好,新顾客也会有不小的顾虑。这应该是很多卖家都有的体会。

可是对于老顾客来说,一旦他们有了购买的记录,而且对产品也比较认可的时候,下次当他们同样需要此类商品的时候,出手就会比新顾客果断得多。

即使购买其他商品,如果客服介绍得详细,老顾客对新品的质疑和顾虑也会大大地减弱,下单的概率也是相当高的。新品有了销量、有了评价,销量也会日渐提升。新顾客在源源不断地增加,久而久之变成更多的老顾客,这是一个良性的循环。老顾客繁衍新顾客的链条逐渐也就会慢慢地形成且趋于稳定。

当然老顾客不仅仅可以稳定订单量,同时也可以造就一个店铺良好的口碑,他们的作用不亚于我们的售前客服。老顾客的肯定,是一个店铺隐形的广告和无声的宣传。很多新顾客都是店铺老顾客介绍来的。

另外，现在网购平台越来越重视买家体验，店铺的转化率高和买家体验好的话，平台系统也会认为该店铺的服务做得好，这时系统会自然而然提升该店铺的权重。而维护好老顾客对于提升店铺的转化率以及买家的好评度都是有很大帮助的。

老顾客的力量确实很大，那么我们应该怎样来活跃老顾客、维护好与老顾客的关系呢？

给老顾客更多被尊重的感觉	给老顾客更多的优惠
建立和维护好客户朋友圈	建立客户数据库

1. 给老顾客更多被尊重的感觉

要让老顾客有种被重视的感觉，让他觉得自己和新顾客是有所区别的，要让他知道你是记得他的。

就像我们经常去一个地方买东西，无论是柴米油盐还是衣物电器，如果我们去很多次，老板并没有很热情，也许我们并没有觉得有什么。可是当有一天如果老板哪怕有一句很简单的问候，也可能使得顾客觉得十分亲切，莫名地拉近了与店家的距离，从此以后，但凡有需要的东西都尽量到这家去买。

实体店铺是这样，网上店铺同样如此。如果你重视老顾客，给老顾客更多的尊重和体贴，那么他们也一定会记得你，记得你的店铺，记得光顾你的店铺。

2. 给老顾客更多的优惠

小小的优惠在很多顾客的眼里都是很重要的，尤其在老顾客的维系上，必要的优惠是要有的。品质是奠定老顾客的基础，优惠是维护老顾客的方法。物美价廉的东西很难让人拒绝。

每个人都希望花最少的钱，买到中意的性价比高的产品。当多次购买的老顾客在一定程度上享受了优惠，也许力度不大，或许有些老顾客并不在意这小小的优惠，但是这种和别人不一样的待遇，总是一次很好的购物体验，会令顾客愉悦。

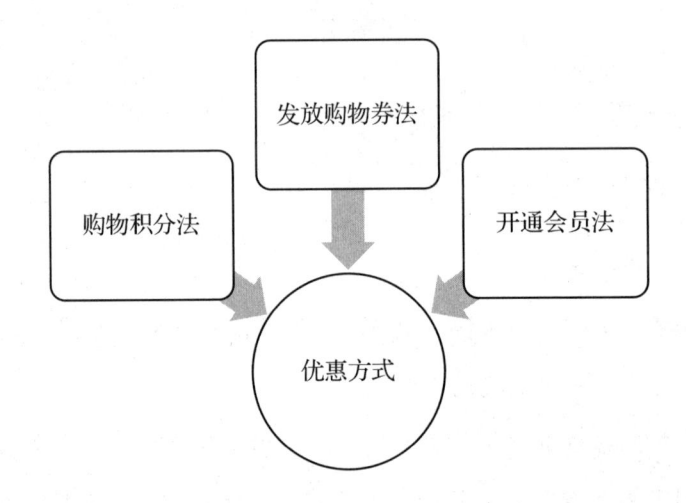

```
        ┌──────────────┐
        │  发放购物券法  │
        └──────┬───────┘
               │
┌──────────┐  ▼  ┌──────────┐
│ 购物积分法 │──▶ ◯ ◀──│ 开通会员法 │
└──────────┘ 优惠方式 └──────────┘
```

优惠方式也有很多，网店可以根据自己店铺的实际情况来选择。常见的有购物积分法、发放购物券法、开展会员法。

购物积分法是维护老客户普遍使用的方法。店家根据客户每次购买商品的价值赠送不等的积分，积分累加可以享用不等的购物优惠，或者是采取一定的积分可以兑换某些商品的办法。

发放购物券法是说客户购物时依据购物商品的状况赠送不同价值的购物券，供客户下次购物消费时使用。

开通会员法是指对于进店购物的顾客可以开通会员，会员可以分为付费会员和非付费会员，或者分为普通会员和VIP会员。店家可以根据客户是新顾客还是老顾客，以及单次购物的总价值来设定具体的会员规则，通过这种方式对老顾客进行优惠倾斜，以维护老客户。

3.建立和维护好客户朋友圈

经营网店一定要建立自己的朋友圈，发挥朋友圈的优势，利用朋友圈将老顾客圈住。店主可以在朋友圈发新品，也可以分享一些自己的生活琐事。要主动与顾客互动，关注他们的需求，争取将顾客变成自己店铺的铁杆粉丝。但要注意一点，朋友圈晒产品的频率不要太高，毕竟每个人都会有审美疲劳。

网店需要用真心去维护顾客，通过一份礼物就可以很好地表达店家为顾客服务的真心。礼物在所有人的眼里，都代表着一份美好，一份祝愿。

店主也可以给自己的老顾客准备一份小小的礼物。或许是一个暖心的手写卡片，或许是一个小小的礼物，随着购买的产品一起寄去，每个顾客看到都会觉得很舒心也很暖心，因为这是店家的心意。这样一个个简单的小小的举动，都会帮助网店留住老顾客，使他们长久地信赖这个店铺。

做一个对顾客用心的人，做一个对顾客真心的人，顾客就会成为你的朋友。老顾客相处久了就和朋友一样。他会来你的店铺闲逛，顺便和你聊天，也许有时候聊了很久，当下不一定下单，可是他会记得，需要

这件商品的时候他就会来。

4. 建立客户数据库

许多网店都需要考虑这样一个问题，你的客户挖掘深度如何？回头客多不多？老顾客介绍的有多少？弄清楚这些对于我们分析客户来源、留住客户，都是很有帮助的。

但是好多网店都没有客户关系管理这个概念，有的只是厚厚的发货单、记账单。有的店家觉得只有大的店铺才有必要有客户数据库，其实不然。无论是大店还是小店，有客户就应该有客户管理。这就要求我们建立客户数据库。

当一个客户与你完成了交易，他留下的不仅仅是钱，还有电话、地址、支付宝账号、生日等信息。

而我们要做的工作就是尽可能地收集买家的个人信息和购物偏好，特别是电子邮件和QQ号，因为这是零成本与老顾客沟通的方式。我们按不同的客户类别进行分类，建立一张客户资料表，以便我们提交客户数据到客户数据库当中。

有时顾客在你的店里买过东西他自己也不知道。但是我们利用数据库中的信息，就会很容易发现这个顾客在本店的购物经历，我们可以有针对性地为顾客提供服务，这样很利于提升顾客对店铺的好感，也有利于成交。

通过分析客户数据库中的用户信息，我们应该尽量提供差异化的服务。产品的差异化、品牌定位的差异化、人群的差异化，这些差异化策略的制定依据就来自数据库。哪怕我们做出一点真正的差异化，都会变成我们店铺的竞争力。

7.2.2 吸引粉丝，让更多的客户光顾

对于网店来说，将客户吸引到店内，是所有销售活动的起点。先要把顾客吸引过来，成为店铺的新粉丝，然后将新粉丝转化成老顾客，这是一条重要的粉丝营销思路。

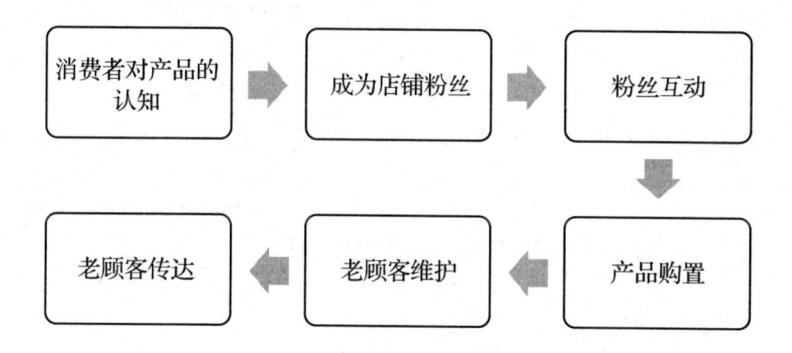

消费者对产品的认知 → 成为店铺粉丝 → 粉丝互动 → 产品购置 ← 老顾客维护 ← 老顾客传达

那么一个网店如何吸引粉丝，或者说提升店铺的流量呢？这需要注意以下几点：

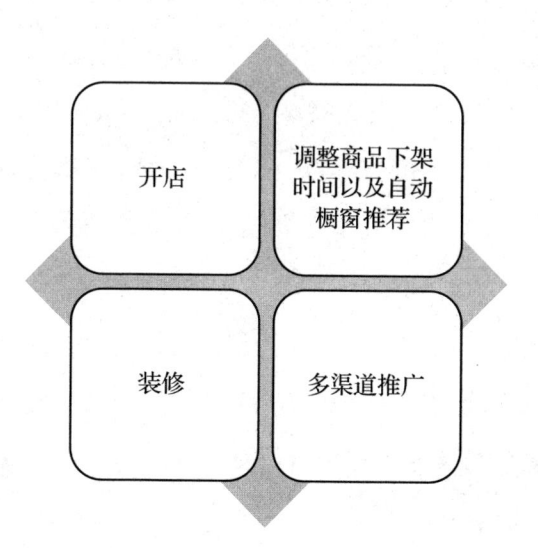

- 开店
- 调整商品下架时间以及自动橱窗推荐
- 装修
- 多渠道推广

1. 开店

开店的第一件事就是上架商品，这里有两点需要注意：商品标题和商品描述。

商品标题是由多个关键词组合而成的。众所周知，买家买东西就是通过关键词来搜索自己的目标商品，那么商品关键词的设置就显得尤为重要。只有你设置的关键词和买家的搜索习惯吻合时，你的商品被搜索到的概率才会更大，才会使你的宝贝更多地曝光，促进更多的交易。

有一个很好的例子能说明这一点。据报道，一个大学毕业生在淘宝开店卖书，不过网店开张的头一周，每天还是只能接到两三个单子。店主开始琢磨："读者在淘宝上搜索《朝花夕拾》，会出来几千条结果。怎么能让客人一眼就挑中我的店？"

于是，店主组织店员将上架的 6000 多本书在淘宝网挨个进行了搜索。搜索时，他们会留意：买这些书的顾客会加上哪些关键词进行搜索？这本书的销量如何？后来发现买家搜索时常用的一些关键词，比如《朝花夕拾》，读者用得比较多的关键词有特价、包邮等。

根据这些分析，店主开始对书店的书进行标题优化，除了加上作者的名字外，还会打上"包邮""特价"等搜索频率最高的关键词，并根据图书的销量整理出"本店力荐"等特色分类。这一招果然出奇制胜。第二周，书店的日销量便达到每天 20 多册，有了明显的增长。

以淘宝为例，淘宝首页搜索框下的热门关键词，这部分词通常流量和转化都不错。以地毯为例，进入淘宝首页，在淘宝搜索框中输入产品相关词"地毯"，在点搜索按钮前，在搜索框下就有一些下拉选择，这些就是可以参考的关键词。

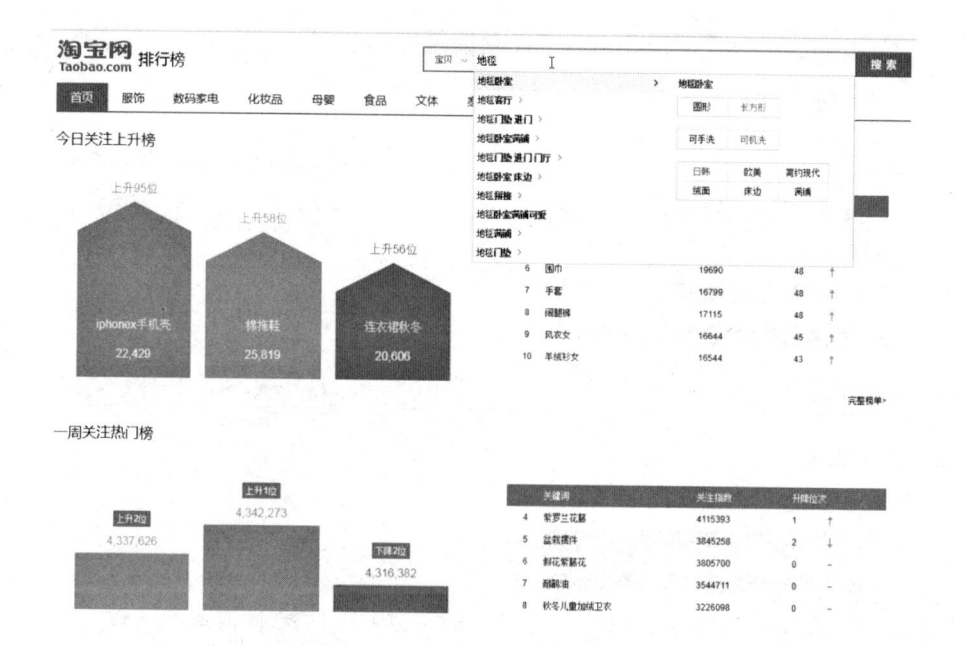

第7章
粉丝营销：观众和粉丝的尖叫是营销的沸点

商品描述也很重要，不容忽视。商品页面的布置要围绕买家体验进行。图片要优美，并且要贴合自身客户群的视觉需求。另外，排版要合理，符合买家的浏览习惯。如果是服装店的话，排版基本可以遵循：模特图2到3张，实物整体图3到4张，细节图2到3张。需要注意的是，模特图不易过多。

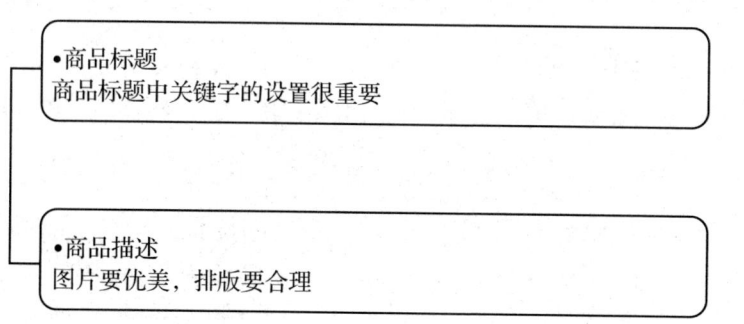

- 商品标题
  商品标题中关键字的设置很重要

- 商品描述
  图片要优美，排版要合理

2. 调整商品下架时间以及自动橱窗推荐

在淘宝首页搜索栏输入关键词后,越接近下架的商品,排名就越靠前。商品在即将下架的数小时,特别是最后几十分钟内,将获得比较靠前的搜索排名,这段时间是最能引来流量的。当然,一个很重要的前提是:及时地把这些接近下架的宝贝都放上了橱窗位。

这样,推荐最接近下架的商品橱窗位,排名会更加靠前,也可以考虑将两三个最热销的商品长期推荐橱窗位,让它持续热销。另外,与引流量无关的商品就不建议推荐橱窗位了。

3. 装修

我们应该对自己的店铺做一下小小的装修。装修得好的店铺对吸引流量是有帮助的。装修的标准可以借鉴大卖家的店铺。用四个字概括就是"仿操创超"。

模仿有很强竞争实力的对手,看对手的店铺在装修方面有哪些亮点,自己要结合自己店铺的实际情况加以运用;操作这些模仿到的东西,探究其中的奥秘;争取在这个基础上融入自己的东西,对模仿的东西要加以创新;最后就是争取超越竞争对手。而且装修的话,也可以考虑采用装修服务市场中设计师设计好的模版,这样操作起来也非常简单。

4. 多渠道推广

店铺要想有大的流量必须要运用多渠道推广,这样才能吸引粉丝。免费的推广方式可以有:微博、QQ、空间、蘑菇街、美丽说、顽兔、爱逛街等。去论坛坚持发帖回帖做宣传也很重要,时间长了一定会有效果的。

付费的推广方式可以用淘宝客推广。淘宝客推广不同于直通车的地方就是,它不是按点击扣费,而是按成交扣费。直通车建议在有一定销量的时候再开。

另外可以考虑报名促销活动，比如说天天特价、特价猫、开心赚宝等。参加这些活动一定要做好关联营销，这个很关键。活动赚的就是流量，以及关联营销带来的利润，而参加活动的商品基本是不赚钱的。店铺要提升粉丝流量，还可以借助活动海报和创意广告。它们不仅可以提升我们商品的曝光度，也会提升我们的品牌关注度。这些对于提升粉丝流量都是大有裨益的。

粉丝营销是一个连续的过程。在粉丝营销的每个阶段都要有针对性的措施，以保证最大限度地吸收粉丝。

（1）在进入粉丝营销的前期

这个阶段要不时依据粉丝们的心情作相应的调整，同时要扣紧社会热点。因为粉丝的关注点会不时变化，所以粉丝营销要顺势而为。在粉丝营销中，我们应该管理好每个环节的内容，让每位客户产生更大的价值，从而提升店铺的品牌影响力，其目的是促进店铺营业额，让店铺做强做大。

粉丝营销带给了客户更多的体验，通过与客户的互动，增加了客户黏性。粉丝的沉淀也带动了店铺描绘、服务和物流三项评分指数逐渐上升。

（2）在粉丝营销的初期

这个阶段对于粉丝的吸引不是孤立地进行的，可以说对新老顾客的营销方式是不同的。

①让老顾客感受到成为店铺粉丝的好处，让他们关注店铺的活动，打造店铺的品牌气息，让老顾客带动新粉丝的关注和加入。

②对在店铺购置过产品的新粉丝，要注意对他们进行剖析，把每位客户进行分类管理，让客户在不同的阶段收到最能体现他们需求的信息。

比方，在客户收到产品的时候，收到的信息应是引荐我们的售后和留意事项等，让客户感受到我们贴心的服务。对于超过3个月没有复购的客户来说，我们要传递的是店铺的优惠活动等召回信息，以引起客户的关注。

（3）在粉丝营销的后期

当粉丝的数量积聚到一定程度时，在营销中开展的一些促销活动就可以完全放开，无论是新加入的粉丝还是之前的粉丝都可以参与。

可以将往期活动的开展情况做成案例来展现，让每位顾客都能看到，临时参与我们的活动也能获取店铺的奖品，增强粉丝与店铺的黏性。同时，这些信息还应该在微博、微信、微淘等分阶段不时放出，给粉丝带来信任感。

有一点要注意，无论店铺的营销方式如何复杂，第一原则是内容可以真正感动粉丝的心，用内容去打动粉丝。

只有树立完整明晰的营销思路，才能提炼出产品与粉丝之间最精准的中心点，从而形成最大的吸引点，否则引来多少粉丝都是没有的。

网络的发展使客户可以获得更多的商品信息和服务信息，使得客户更容易承受和容忍主动的推销。在这样的情况下，与客户的感情交流是每一个店铺用来维护客户的重要方式。一句真诚的节日问候，一件不起眼但用心的小礼物，都会使得买家深为打动。

购物的行为完毕并不代表客户关系的结束。商家应努力通过每一次交易，迅速地和消费者建立良好的互动关系，为消费者提供个性化的服务，使消费者在网购过程中获得良好的、意外的购物惊喜，这样才能不断地收获粉丝并且充分激发粉丝的购买力。

7.3 近距离感受电商女王的粉丝营销

张大奕是电商界的经营翘楚。她刚开店时，微博粉丝只有 20 多万，现如今她的微博粉丝 550 万，她的店铺销售业绩也随着粉丝的增长而不断攀升。她的店铺经营就体现了粉丝营销的精髓。

她的淘宝店铺叫"吾欢喜的衣橱"，她和粉丝享用着女性颇为感同身受的昵称——张大奕是"大姨妈"，粉丝是"E罩杯"。这也体现出她鲜明的个性。店铺的装修很精致，给人的感觉很温馨，已经超越了生硬的买卖关系，融入了更多的情怀。

在张大奕的眼中，开店这件事情显得有点随性，但在运营店铺的过程中，这个漂亮女生却特别认真。作为模特、网红，张大奕习惯从大牌

中汲取灵感，竭力保证产品的差异性和品质。

张大奕以令人惊羡的速度完成跳级：开张不到一年，店铺攀升到四皇冠；2015年"双十一"，成为网红店铺中唯一挤进全平台女装排行榜的C店。

当分析起自己为何能成功时，张大奕说，是因为自己"在对的时机做对的事情，人还蛮可爱的，然后卖的衣服也还可以"。说得倒是挺轻巧，但是张大奕的成功又何尝不是粉丝营销的胜利？

用脚投票是洞察粉丝需求的好方法。开店伊始，张大奕会在微博上问粉丝：背带裙的带子是粗条好还是细条好？类似这样的款式问题还有很多。根据点赞的数量和评论的内容，张大奕能及时获得粉丝的口味偏好、对价格的接受程度，从而更精准地调整生产线。

让人想不到的是，连"E罩杯"这个昵称也是粉丝自封，是从"益生菌""裙子军""E罩杯""意粉"这几个候选项中选中的。不管是对产品发表个人的看法，还是选择自己喜欢的称呼，张大奕都培养着和粉丝之间的关系，增加粉丝黏度。关键是，在与粉丝的关系建设中，让粉丝感受到自己的参与度。

这跟小米的粉丝营销策略也有相通的地方，即让粉丝参与产品的设计，在产品出炉之前就加入与粉丝的互动，尊重粉丝的需求，参考他们的意见。

张大奕对产制流程的涉入甚深，每次样品制成后，她会参与文案撰写、出国取景、拍摄图片等环节。做好这些后她并不会守株待兔等粉丝来埋单，而是领导团队在微博和微淘放剧透、解读视频、产品预览。从开发到最后上架、发货、售后，如此循环。

张大奕在从选款到文案再到视频的亲力亲为、全程参与，还依赖于合作的团队拥有的闭环供应链，从而在质量的把控上获得主动权。

第7章
粉丝营销：观众和粉丝的尖叫是营销的沸点

例如粉丝对一款手工围巾的价格存疑，张大奕就用微单拍摄了小视频，更为直观立体地向客户展示这款围巾的价值。除了视频，她还贴出了手工围巾的生产过程：一群老奶奶聚在一个房间，用棒针一寸寸编织棕色围巾。

用"讲述产品背后的故事"的形式，赋予产品更多的人情味，增加产品生产的透明度，这些都可以增强粉丝对店主以及产品的信任感。

好的粉丝营销，会将信任从简单的消费关系延伸到生活的各个层面。一位粉丝令张大奕尤为印象深刻，这是一个在法院提起离婚诉讼、下个月就会宣判的女孩。她想提前购买张大奕店中的一件还没有出货的羽绒衣，然后穿着它"美美地离婚"。最终张大奕让这个女孩提前拿到了羽绒服，这不仅仅是一件衣服，而是一个心愿，一个只有张大奕才能帮女孩完成的心愿。

粉丝的信任赋予了张大奕义务感，店里的衣服成为粉丝心目中美好事物的代表。"E罩杯"多比张大奕年纪小，经常就一些日常生活中的问题请教张大奕，她感觉自己成了知心大姐姐。

"时间长了，还是走稳线，走质量。不管再喜欢，伤害到粉丝的金钱利益，她们就不会喜欢你了。"对张大奕而言，这似乎是一份关乎荣誉的职业。但是"粉丝就是来来去去，有的来，有的走"。张大奕在全力以赴经营粉丝的同时也保留着一份洒脱的姿态，提醒自己要拿得起放得下。

第 8 章　网红营销：以网红的方式服务电商变现

营销的本质是抓住消费者的需求并快速把需求商品化。

相对于传统实体店来说，电商是利用网络在线上而不是在线下去实现商务活动的业务流程。

那么在互联网环境下如何快速抓住消费者的需求并将其商品化呢？这就不得不提越来越火热的网红营销。

8.1 网络的发展，网红的诞生

网红，即网络红人，是指因某个行为或一系列事件而在互联网上迅速受到关注而走红的人。目前，泛指通过社交平台走红并拥有大量粉丝的人。比如"芙蓉姐姐"史恒侠、"国民老公"王思聪、"短视频女王"papi酱（姜逸磊）、淘宝第一网红张大奕等。

◎ 8.1.1 网红的分类

基于马斯洛需求理论，从用户认知和需求角度我们可以将网红分为五大类：颜值类、情绪类、达人类、领袖类、虚拟IP。他们分别满足人们的生理需求、安全需求、归属需求、尊重需求、自我实现需求。

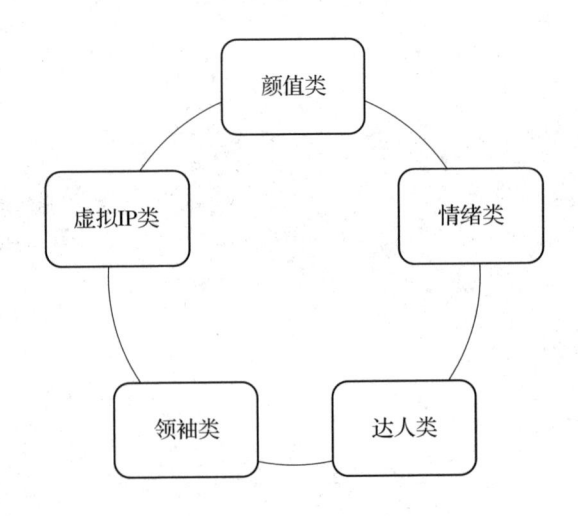

1. 颜值类网红

这类网红能够满足用户五官与荷尔蒙等生理需求,也是大家广为认知的审美和审丑类网红,基数很大,各大直播平台尽收眼底。

2. 情绪类网红

这类网红社会认知迷茫和情绪积蓄,用户安全感匮乏,需要某个附着通道来宣泄,以一些带有情绪色彩的自媒体为代表。

3. 达人类网红

他们代表的是一种先进的生活方式,通过自身技能来帮助用户共同实现该生活境界,形成新生活的归属体验。

4. 领袖类网红

这类网红从价值观的制高点来辐射受众,满足用户的精神需求,一般表现为行业或社会上的意见领袖,以成功人士为主。

5. 虚拟 IP 类网红

这是网红的至高境界,即价值观的彻底符号化。你看到的不是一个网红,而是自身价值取向的投射,即灵魂显性化。

很显然,不同类型的网红,其代表的用户群明显不一致,这也符合社会阶层的现状。网红作为一种人格化的内容形式,也没能逃掉内容产品的本质价值:过滤人群的入口。

◎ 8.1.2 网红的发展阶段

网红同一般事物的发展轨迹是一样的,也有一个从出现到没落的生命周期。如下图所示:

```
                          ┌──────────
                          │  网黑期
              ┌───────────┘
              │   网红期
  ┌───────────┘
  │  网灰期
──┘
```

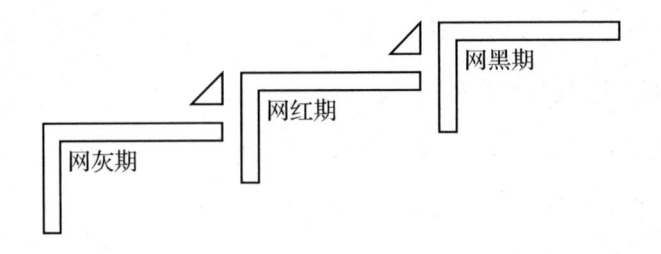

1. 网灰期

任何一个网红的诞生，都不是一时之功。在其成名之前的沉默期，必然要经过长期的沉淀，这个功力的练就，很符合"一万小时定理"。

2. 网红期

网红期的降临，很多时候是沉默期势能积累的结果。一个人的网红期能延续多久，完全取决于其网红属性和运营水平两大因素。不同类型的网红，其网红期寿命有明显的不同。

颜值类网红和情绪类网红由于其感官基因，大都属于短线产品，时效性很强，可替代性很强。但如果有优秀的团队来运作，也可以通过属性升级或者边界延展来延缓寿命。而达人类网红因为能持续提供生活中的某种技能服务，所以其网红生涯较为长久。领袖类网红和虚拟IP类网红属于时代或空间的产物，所以，其寿命将根据时空而变。

3. 网黑期

网红是一个群体价值观的附着物，网红的陨落，一部分源于网红个人的自我定位不清，没能持续贯彻原有的价值观，以至于被粉丝抛弃；另一部分则源于反对派对其价值观的撕裂，当其价值观势能壁垒孱弱时，因实力不济而被攻陷。

8.2 不同发展时期的网红，代表了不同的需求

网红自出现至今，随着互联网技术的不断更新和人们需求的变化，如下图所示，大致经历了三个时代：文字时代、图文时代、宽频时代。每个时代的网红都有其代表人物，每个时代的网红都有其不一样的精彩。

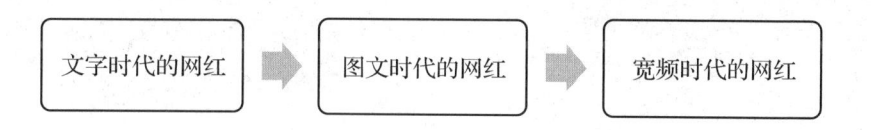

文字时代的网红 ➡ 图文时代的网红 ➡ 宽频时代的网红

◎ 8.2.1 文字时代的网红

代表人物：痞子蔡、宁财神、李寻欢（路金波）、安妮宝贝、天下霸唱、唐家三少、天蚕土豆等。

1994年4月20日，中国实现与国际互联网的全功能连接。1999年前后，中国互联网飞速发展，但对于大多数人来说，网络还是新兴事物。痞子蔡的《第一次的亲密接触》引进出版，从海峡彼岸刮来一股网络文学旋风。

在互联网的56K时代，那是意气风发文字激扬的时代，也培育了属于那一代的网络红人。他们共同的特点是以文字安身立命，活跃于地方BBS、校园BBS、各大门户网站的BBS里。谁能说他们不是那个时代的

网络红人呢？

在这之后，各类新型题材的网络文学开始大肆兴起，而且涌现出一大批优秀的网络作家。比如：南派三叔、天下霸唱、六道、唐家三少、天蚕土豆、辰东、耳根等。

在互联网摸爬滚打多年后，第一批网红们各自在现实中安放了自己，做书商、当编剧……回首当年，路金波说："那时在西安，我的人气不比今天韩寒的差。"宁财神说："如果放在十年后的现在，我们几个都出不来。"邢育森说："那是一段快乐和自由的时光。"

◎ 8.2.2 图文时代的网红

当互联网进入高速的图文时代，这时候的网络红人开始如时尚杂志一般绚丽多彩起来。在这样的时代，网络女性红人占尽优势，以图载文载人。如果要问为什么，原因就是这时候的互联网更有读图时代的味道。

这个时期网红的代表人物有芙蓉姐姐、凤姐、犀利哥、天仙妹妹、奶茶妹妹、回忆专用小马甲、天才小熊猫、艾克里里等。

读图时代是网红们的"黄金时代"，他们以图制胜，无论美或丑，只要够吸引眼球就可能成为网红。

2003年，网络小胖惊为天人的一瞥，正式开启了网络恶搞时代。读图时代，要成为网红变得更加容易，形式也更为丰富。

2009年8月，新浪微博正式上线。受推特的启发和国内社交网络的冲击，新浪推出一个叫"新浪朋友"的产品，里面有众多组件，微博是其中之一。它与博客相同的是，拉名人做网红的战略仍旧沿用。

从BBS到微博，这段时期，网民数量急速攀升。微博几乎不需要什么技术门槛，原本属于精英群体的互联网世界进一步被稀释。微博时代经历了一场混战，笑到最后的是新浪微博。用时一年半，新浪微博突破一亿注册用户，成为第一个超级APP。

依托微博的高度分享性，一大批网红或依靠高颜值，或依靠优质的原创内容在微博上迅速走红，吸引了大量粉丝。知名的有靠分享宠物生活记录和各种萌照走红的"回忆专用小马甲"，坚持内容为王、擅长将搞笑段子融入创意的"天才小熊猫"等人。

◎ 8.2.3 宽频时代的网红

当互联网进入了宽频时代，网红的代表人物胡戈横空出世也就再自然不过了。放大一点说，类似香香、刀郎等人的网络歌曲的流行也是宽频时代红人到来的显著特征。

这个时期网红的代表人物多是通过音频、视频来传递内容。代表人物有：大鹏、王大锤、孔连顺、papi 酱、小苍、miss 等。随着视频网站和视频 APP 的兴起，网红们在更具潜力的影音时代开始展现强大的实力，从网络歌手到网络视频，一个个主角迅速成为网红。

从西单地下通道唱歌的"西单女孩"任月丽，到《屌丝男士》的大鹏、《万万没想到》的王大锤等网剧捧红的演员，这些人成为了影音时代下网红的佼佼者。而当下最热门的人物就属 papi 酱了。

Papi 酱凭借变音器发布原创短视频内容而走红。在 2016 年 3 月，papi 酱更是获得了真格基金、罗辑思维、光源资本和星图资本共计 2200

万元人民币融资，估值 1.2 亿元人民币左右。这也标志着"网红"正式成为标准化、团队化包装运作的新兴产业。

宽频技术的不断发展进步，带来了新的视频技术——视频直播。视频直播网站和直播 APP 为一些乐于分享、有自我展示欲望的网民提供了一个全新的互动平台，它吸纳了大量 90 后、00 后的新生代。知名的有斗鱼直播的 mini、卡卡、七哥等。

在这个宽频的时代，成为网红的方式更具多样性。通过制作发布游戏解说视频、游戏直播成名的小苍、miss、董小飒，通过直播 MC 说唱走红的 MC 天佑，因为曝光了一段 QQ 聊天记录而蹿红的叶良辰等，在这个网红的时代里，各自占据了属于他们自己的一席之地。

8.3 互联网平台下，成为网红的 4 种途径

网红的出现总的来说是依靠了互联网这个大的平台。但每个网红成名的道路又有其独特性。成为网红大致有以下四种途径：

- 靠艺术才华成名
- 靠搞怪作秀成名
- 意外成名
- 通过网络推手成名

◎ 8.3.1 靠艺术才华成名

靠艺术才华成名的这类网红,主要是依靠自己的艺术才华获得广大网民的追捧。他们大都身处草根,一般不是科班出生,没有接受过所谓"正规"的训练,往往是依托其非同一般的天赋和在兴趣支配下的自我学习,从而在某个艺术领域形成了自己独特的风格或者技巧。

他们通过把自己的作品传到个人网站或者某些较有影响力的专业网站上吸引人气。由于在艺术上不同于主流的独特品位,他们逐渐积累起不错的人气,从而拥有某个固定的粉丝群。

代表人物:许嵩。

2006年年初,许嵩是一个在安徽医科大学读大二的男生。出于对音乐的爱好,也凭借儿时学习钢琴与古典音乐打下的功底,课余时间里,他用简单的音乐设备录制了一些音乐作品。这些音乐作品被他以"Vae"笔名传上个人网站,引起了网友的关注。人们开始"人肉搜索"这个唱功青涩但作品却颇有意思的神秘音乐人。

◎ 8.3.2 靠搞怪作秀成名

靠搞怪作秀成名的这些网红多是通过在网络上发布视频或者图片的"自我展示"(包括自我暴露)而引起广大网民关注,进而走红。

他们的"自我展示"往往具有哗众取宠的特点。他们的行为带有很强的目的性,包含一定的商业目的,与明星的炒作没有本质上的区别,都是为了引起大家的注意。

代表人物:Hold住姐。

谢依霖,因2011年8月9日在综艺节目《大学生了没》中扮丑搞怪,加上爱卖弄中英文夹杂的转调风格,其短片不仅在Youtube上短短11天的点击量就破101万,更被网友称为"Hold住姐"。

◎ 8.3.3 意外成名

也有一些网红是意外成名的。这一类型的网络红人与第二类相对,他们主观上并没有要刻意炒作自己，而是自己不经意间的某一行为被网友通过照片或者视频传上网络，因为他们的身份与其表现同社会的一般印象具有较大的反差从而迅速引起广大网民的注意，成为"网络红人"。

大众对他们的关注多是由于猎奇心理的驱动。但是他们自身往往并不知道自己在某一时刻已经成为了网络的焦点。

代表人物：奶茶妹妹。

2009年7月3日，因高二新学期重新分班而互拍照片留念，章泽天的同学将章泽天手捧奶茶的照片上传到QQ空间，之后照片经过网络转载而传播。

2009年12月13日，百度"皇家马德里吧"最早公布了"奶茶妹妹"的真实姓名和所在学校，随后不少球迷涌入百度"章泽天吧"。

章泽天的照片来源于猫扑论坛一个网友的签名图，在论坛流传了大概3天，陆续有网友问这妹妹是谁。2009年12月30日，"奶茶妹妹"称呼出现，同时帖子也上了猫扑首页推荐，奶茶妹妹变成了网络红人。

◎ 8.3.4 通过网络推手成名

现在好多网红是通过网络推手成名的。这一类型的网红背后往往有一个团队。他们经过精心策划，一般选择在某个大众关注度很高的场合通过某些举动刻意彰显他们力推的对象，给大众留下一个较深的印象，然后会组织大量的人力物力来进行推动，在全国的各个人气论坛发帖讨论，造成一个很热的假象，从而引起更多的网民关注。

代表人物：芙蓉姐姐。

芙蓉姐姐的成名就是网络推手精心策划的。网络营销机构创办人陈墨说当时"天涯论坛"想找一些话题炒热，他们通过自身的监控发现了在高校BBS上活跃并小有名气的"芙蓉姐姐"。于是他们找到几个版主，希望能够推广炒热这位"芙蓉姐姐"。

陈墨负责拍摄制作视频，再找网络写手写文章，找其他网站跟进，找传统媒体的记者进行报道。

当时"天涯"正在寻找投资，"芙蓉姐姐"成功推出以后的三个月，"天涯"获得了500万美元的投资。陈墨说这虽然不能完全归于"芙蓉姐姐"的走红，但是由其所带来的流量变化，至少是对"天涯"获得高额投资的一个推动。

8.4 巨大经济价值下的网红变现模式

据人民网报道，北京多所小学的抽样调查显示，有八成小学生希望成为网红，一些家长甚至为孩子报了"网红培训班"。我们不禁要问，为什么这么多人都希望成为网红，甚至连小学生都将成为网红作为自己的目标？一个重要的原因就是网红蕴藏着巨大的经济价值。

2016年6月，张大奕以红人店主的身份在淘宝直播，为自己的店铺代言新产品。两小时内观看人数有41万，点赞人数有100万，创造了2000万元人民币的销售额，让所有人对网红的影响力刮目相看。

papi酱通过3分钟的视频吐槽，就能得到上万元人民币的粉丝打赏。2016年3月，她的首个广告拍卖到2200万元人民币，其品牌估值也扶摇直上冲破亿元大关。她顿时成为网红界的领军人物，也让人们充分认识到网红巨大的"吸金"能力。

那么网红是怎样赚钱的？网红变现的模式都有哪些呢？

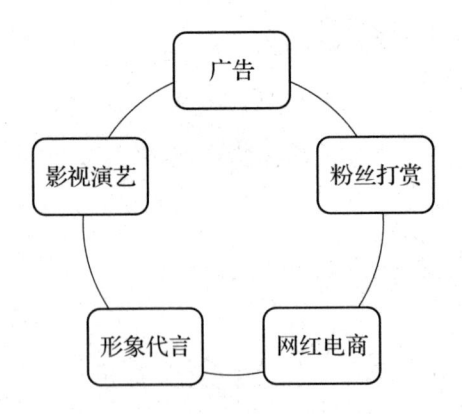

- 广告
- 粉丝打赏
- 网红电商
- 形象代言
- 影视演艺

◎ 8.4.1 广告

这是网红变现的最直接的方式。网红是内容的创造者,通过优质内容影响粉丝,让他们产生共鸣。网红通过在内容创造中植入广告,进行软文宣传,很容易潜移默化地打动粉丝,因此广告效果极强。同时,网红的粉丝都有很明显的标签,很容易选择针对这一类人所需要的广告。

正因为网红广告的宣传效果好、针对性强,广告主也愿意把钱花在网红身上。以 papi 酱为例,2500 万的微博粉丝,假设只有十分之一的点击率,每个点击按照 0.1 元计算,她的一个链接广告推送就能赚取 25 万元人民币的广告费。

◎ 8.4.2 粉丝打赏

粉丝通过平台给网红送虚拟礼物,或者直接现金打赏。直播视频的网红主播,其主要收入就是靠粉丝赠送虚拟礼物,如鲜花、蛋糕、跑车、飞机等,不同物品对应价值不同的虚拟货币。

随着视频直播的盛行,某土豪为了某网红主播一掷千金,数百万元砸下去买虚拟礼品赠送的新闻报道时有出现。

和视频直播的大手笔送礼相比,而靠短视频或者文字图片内容打动粉丝打赏的数额相对较小,却是细水长流。只要内容足够吸引并打动粉丝,长期持续的优质内容创作积累的粉丝打赏也不容小觑。

◎ 8.4.3 网红电商

这种变现方式逐渐成为主流,即将粉丝流量导向电商平台,通过商品销售实现回报。

网红电商变现方式已发展得越来越成熟。2015年"双十一"期间,排在前十位的服装网店当中有七个店全部是靠网红拉动的。

网红电商中,做得最用心的要数罗辑思维,2016年仅在微信公众号里产生的商品交易就有上亿元。

罗辑思维每天会推送一段 60 秒的语音，每天可以回复不同的关键词，获取一条链接内容，往往这个链接就在推送他们卖的产品。而他们推送的产品都是精心挑选，做足了内容和形式的新鲜感，却又懂得节制，不滥用对粉丝的影响力。

◎ 8.4.4 形象代言

为企业或者商品形象代言，这也是很多网红的奋斗目标。通过形象代言，网红不仅可以收获丰厚的回报，而且可以大幅提高知名度，可谓名利双收。

但是他们成为形象代言人并不容易，因为选择要代言的对象非常重要，要考虑到粉丝群体类型、自身网红的风格和特征，只有找到两者绝佳的匹配，网红代言才能成功。

目前游戏行业比较流行找网红代言，是因为电子游戏竞赛直播培育出不少的游戏网红，优秀的游戏网红顺理成章地被选为游戏的代言人。

◎ 8.4.5 影视演艺

网络影视媒体由于门槛低，互动强，具有很强的大众草根娱乐性，深得年轻人的喜欢。越来越多的年轻人，从不看电视，很少去看电影，而更多选择观看网络电视剧、网络电影。因此有表演基础的网红，开始出现在网络影视作品中，从而大幅度提高网络票房和点击率。

个别的几个有表演天赋甚至是专业表演出生的网红，也进军传统的影视演艺圈，成为自带粉丝和流量的票房放大器。

2013年爆红成为"樱花女神"的网红黄灿灿，被湖南卫视相中，参加了《天天向上》和《奔跑吧兄弟》等综艺节目，这两年开始进军电影行业，由网红转型为演员。

8.5 商业价值驱动下网红电商的优势

网红由于平民化、廉价以及精准营销的特点，其商业价值正在被逐渐挖掘。

相较于粉丝经济的"漫灌"营销，网红经济由于网红在特定领域的专业性，网红们能够更精准地将产品导向粉丝需求，实现了"精灌"营销，提高了消费转化率。同时，网红又兼具广告或流量费相对较为便宜以及更为平民化的特点，其相较粉丝经济具有独特的优势。

在网红产业链中，主要的成员包括社交平台（如微信微博）、网红、网红经纪公司（如楼氏、鼓山）、电商平台，以及为网红提供产品的供应链平台或品牌商（如淘公号）。

网红接上了变现渠道，就等同于一家创业公司。如果说创业的失败率是99.99%，网红的成功率则是很高的，因为前期除了内容，并不需要有太大的资金投入，有了流量、粉丝和黏性以后再变现，倒是一个更好的办法。

拥有流量、粉丝和黏性的前提就是要有高质量的内容。跟明星比，网红更平民化，更接地气。粉丝跟网红之间有合适的仰望角度，再加上他们之间有温度的互动，使得网红对粉丝的影响力很容易转化成粉丝强大的购买力。所以，网红开网店做电商是一条便捷的变现渠道。那么，网红开网店具体有哪些优势呢？

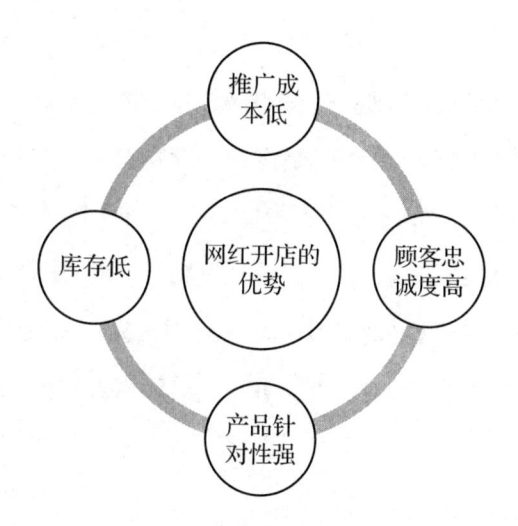

```
           推广成
           本低

库存低    网红开店的    顾客忠
          优势         诚度高

           产品针
           对性强
```

首先，网红依赖于自媒体，而大多数自媒体都是免费的，因此推广产品时成本很低。

其次，顾客忠诚度高。网红电商的顾客大多是其粉丝，这些粉丝转

换成顾客的概率要远远大于陌生人。而且粉丝的忠诚度高,重复购买率远超其他店铺。

再次,产品针对性强。因为网红电商的顾客就是粉丝,所以其商铺可以通过粉丝回馈快速抓住粉丝的需求。

最后,库存低。网红电商不需要囤货销售,粉丝投票后再生产,生产量依据粉丝的需求量而定。

8.6 把粉丝引导到电商平台上

运营好一个红人店铺不是一件简简单单的事情,不是单纯地拍拍视频、做做产品介绍就能完成的事情。

网红应当基于自我形象进行社会化的营销,利用多平台,比如微博、今日头条、秒拍、美拍、微信,甚至 B 站等多个社交媒体进行内容运营和推广。

不同的平台所选取的打法也不同,而核心在于塑造强烈的个人风格,并且成为某种生活方式的意见领袖,从而在精神上影响粉丝的生活方式。

如何把粉丝引导到电商平台上,并真正购买商品或者服务,这是一个很考验网红或者网红团队能力的事情。具体该怎样做呢?

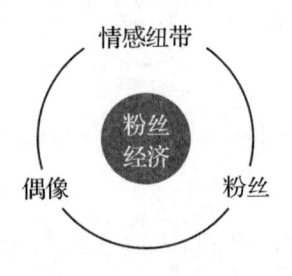

首先，要对粉丝的构成有清晰的认识，要十分了解粉丝，关注他们的需求。

其次，要选择适合粉丝和质量过关的商品。因为粉丝信任网红最终才购买商品，倘若商品质量不过关，会动摇粉丝的信任基础，网红离陨落也就不远了。

再次，解决好商品的供应链瓶颈。在重视选择商品的同时要解决好商品的供应链瓶颈问题。粉丝的爆发性购买，往往造成货品供不应求，若没解决好供货这个交易的最后一环，前期的运作就会功亏一篑。

最后，要把握商业引导的力度。粉丝对商业广告有一定的承受极限，过于频繁的引导，很容易出现"丢粉"的现象，即粉丝取消关注，弃网红而去。

8.7 电商 + 网红，开启电商营销新模式

在如今这个电商时代，更是少不了网红的出现和营销，如果将电商与网红相结合，那么，将会开启电商营销的新模式。

◎ 8.7.1 唯品会的网红营销

唯品会作为国内主营互联网在线销售品牌折扣商品的电商，在网红营销方面也有创新，其突出特点就是"明星 + 网红 + 直播"组合发力。

移动互联网时代，网民与用户参与感大幅度提升，这带来了产品服

务与用户交互沟通的全面变革。

基于此，唯品会聘请明星作为体验官，启动"惊喜营销"，将明星IP具象为各种惊喜的购物体验，顺势推出网红营销，将消费娱乐化与用户粉丝化的营销充分结合起来。

早在网红与直播成为互联网风口之前，唯品会就有"打通前端时尚电商销售平台和后端时尚产品及内容制造的生态产业链"的想法，力图"将唯品会打造成中国最大的时尚生活方式平台"。在2016年"6·16"年中特卖狂欢中，唯品会以"网红直播十二小时生存挑战"为主题，在北京世贸天阶设置全透视玻璃屋，邀请明星艺人、人气网红直播，开启"电商+明星+网红+直播"的综艺式新玩法。最终推动唯品会在"6·16"年中大促期间再超预期，订单量创纪录，超过600万单。

进入2016年第三季度的唯品会已经熟悉了"惊喜"玩法，"7·19"爽购节邀请"段王爷"薛之谦主演"爽的事情做三次"视频，联动品牌明星吴尊、黄致列、王祖蓝等齐助阵，人气全网狂飙。

值得一提的是，唯品会携手薛之谦掀起的"爽的事情做三次"营销战役，带领四亿网民爽购，堪称2016年夏天最惊喜的营销案例。

第8章
网红营销：以网红的方式服务电商变现

2016年7月16日，已经一周没有发广告的薛之谦在微博投掷了一枚重磅"惊喜"：Cosplay名侦探，声称真相只有三次，并喊话称"我做什么事情都喜欢做三遍"。拉肩带、做俯卧撑、喝水、打人、用手机买东西，统统无"三"不欢，神经质人设的表演和全然没有偶像包袱的捧逗，惹得粉丝哄堂大笑。

在层层铺垫后，猝不及防地揭露真相只有一个，那就是"唯品会719，折后3件8折，爽爽爽购节"。

看到偶像发微博，粉丝立即炸开了锅，纷纷留言喊话"这个视频我认真地看了三遍""大家放心看，这是一个广告"。同时，唯品会"7·19"爽购节的折扣仿佛炎炎夏日中的一道清风，撩拨起粉丝去追逐心中向往的爽快感。粉丝的频繁互动也扩散了促销信息。

短短三天里，这条时长不到一分钟的视频短片迅速在社交网络上热传，持续刷爆热门微博榜，被大批网友疯转和评论，受到电商界、广告界乃至娱乐圈的集体关注和赞誉，获得亿万级曝光。

我们不得不说，当"唯式"惊喜遇到"薛式"广告，网红营销的作用得到了充分的发挥。

◎ 8.7.2 京东推出达人计划，网红变身时尚合伙人

京东服饰在2016年重点打造达人计划。京东达人计划选择了更加社群化的切入点，而不是泛泛的"麻豆"聚合，他们选择时尚自媒体、网红们作为达人计划的首批伙伴，这是非常聪明的决策。

对于达人计划，京东服饰要的不仅是电商引流，而是要打造全新的服饰潮流社区，京东有一整套的生态培育计划。

达人招募只是京东服饰"达人计划"的第一步,接下来还会有达人社区,一套贯穿达人计划的信息系统也在开发中,达人计划也会走进高校。

从达人计划的路线图,我们已经能看到清晰的社群印象,不仅要引入已经成名的网红,也要引入未来的网红,将网红经济融入到京东服饰的社群电商生态里。

达人们在社交网络中分享消费心得,大众用户和粉丝们可以学到东西,京东服饰则可通过达人们的魅力凝聚消费者,并将多样化的潮流时尚渗透到多元化的网红社群里。

时尚领域媒体及网红达人们在粉丝群体中有很强的号召力,他们提供专业可信、真实生动的内容,成为社群和电商的连接枢纽,而达人计划则是真正意义上的社群电商动力引擎。

进入京东达人计划的网红和时尚自媒体们,摇身一变,有了"时尚合伙人"这个新身份,有范儿,有格调,也许这个新身份将在未来有巨大的商业价值。当达人计划全面实施时,时尚京东将在专业化、国际化、品牌化之外增加一个社群化。

在移动社交为王的时代里，京东在正确的时间做了一件正确的事，在网红经济和自媒体生态走向繁荣的节点上果断出手，抓住社群网络里最有价值的头部资源。

如果说每一个人都是一个星球，那么，京东达人计划是直接去连接一个星系，这让我们看到了时尚京东的进化，也预示着京东服饰进入到一个生态裂变期，整个服装时尚电商生态也将会加速向京东迁移。

社群电商是网红经济的终极归宿，网红的时尚价值不是赤裸裸的电商导流，而是内容营销。平台即媒体，达人即内容，京东达人计划投射出电商发展的一个新趋势，消费升级是一场品牌品质的升级，也是一场精神消费的时代预演。

第 9 章 直播营销：电商开启商城直播时代，边播边卖

以各主流电商平台为主导的"直播+电商"，立足于基础用户和商家，缩短了产品和用户之间的距离，提升了商品的变现效率，还大大增强了用户黏性。

9.1 直播电商营销模式的创新点

随着移动互联网的普及和发展,直播成为近年来最火热的词汇之一,尤其是在 2016 年,直播一词一再登上热搜榜。直播的崛起,为移动互联网的发展开启了一扇新的大门。

随着相关技术的发展,直播也逐渐摆脱了单一的模式,即将步入"直播+"时代,其中的"直播+电商"尤为引人注目。

相较于 PC 端的秀场直播来说,"直播+电商"有很大的不同。该模式立足于一个垂直的社会化的电商平台上,其直播基因与目标受众能达成完美的契合,也能让电商和内容实现有效的衔接,降低互动传播成本,拓宽传播渠道。它为每个主体提供展示个性的平台和机会,吸引认同者,汇聚追随者。

9.2 直播电商营销模式创新必备条件

那么,具体来说,"直播+电商"模式所具备的发展条件是什么呢?
对其进行详细分析,具体有以下几个条件:

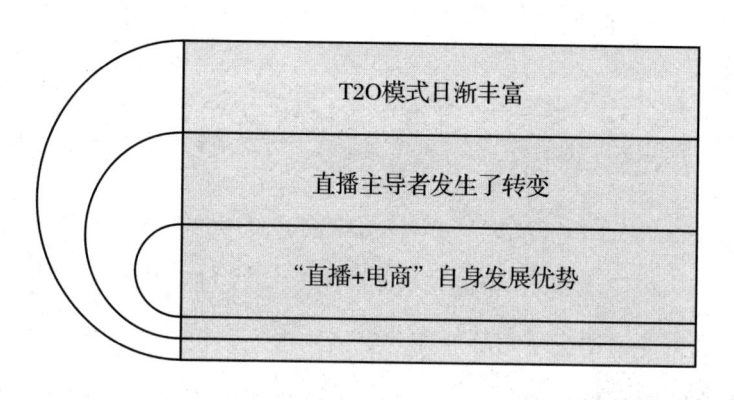

第9章
直播营销：电商开启商城直播时代，边播边卖

```
T2O模式日渐丰富
直播主导者发生了转变
"直播+电商"自身发展优势
```

◎ 9.2.1 T2O 模式日渐丰富

目前，我国的网红经济异常火爆，直播内容较为丰富，直播模式日渐流行，移动网络逐渐普及，消费水平日渐提升，这些都让 T2O 模式变得愈加丰富，为"直播 + 电商"的发展创造了一个良好的社会环境。

◎ 9.2.2 直播主导者发生了转变

在以前，"直播 + 电商"的主导者是各个电视台或者视频网站，而目前，其主导者已经转变成为了各个主流电商平台。在这样的转变下，电商直播的结果一定与之前有很大的差异。以各主流电商平台为主导的"直播 + 电商"，立足于基础用户和商家，缩短了产品和用户之间的距离，提升了商品的变现效率，还大大增强了用户黏性。

◎ 9.2.3 "直播 + 电商"自身发展优势

对于各大电商平台来说，构建流量闭环是一件梦寐以求的事情。以淘宝为例，在淘宝2016年的三大战略中，其中社区化和内容化的最终目的都是为了构建流量闭环。在"直播 + 电商"模式中，通过直播，商品和人之间的距离缩短了，商品变现效率提升了，人对平台的黏度增强了，流量闭环的构建也因此完成了。

对于网购用户来说，最纠结的一个问题就是选择太多，不能对商品进行真实感受，难以决断。而在"直播 + 电商"模式中，直播具有真实性和客观性，能够将商品的性质和特点真实、客观地反映出来，为用户决断提供有效的依据，还能提升网购的乐趣。

对于商家来说，在"直播 + 电商"模式中，通过直播能够为其产品做免费宣传，吸引消费者，提升商品的变现效率，增加销售额。

目前，直播的异常火爆，为电商的发展以及经济的发展带来了新的机遇。和传统的电商不同，"直播 + 电商"借助于互联网经济互动化、生活化、场景化等优势，将商品和用户直接联系在一起进行闭环引导，构建一个完善的变现模式。在该模式下，无论是转换交易成果还是引流效果都非常好，表现出了其他模式不具备的优势。

同时，对于消费者而言，网购最大的缺陷就是不能进行真实的体验，从而增加了决断的困难性。"直播 + 电商"则很好地解决了这一问题，通过直播将产品更加客观、真实地展现在消费者面前，为消费者决断提供了可靠的依据。

此外，对于商家来说，"直播 + 电商"能帮助其降低成本，增加流量，增加收入等。

我们对其进行总结归纳，可以得出以下几点结论：

- "直播+电商"能够帮助商家将产品信息全方位地展示出来，能够将产品的特色淋漓尽致地表现出来，为用户决策提供有效的依据。
- "直播+电商"改变了传统电商的客服模式，将一对一的服务转变为一对多的讲解，简化了客服的工作，减少了客服雇佣成本。
- "直播+电商"能够为商家做免费宣传，促使商家的品牌效应得以有效扩大，提升销售额，帮助商家获取更高的利益。
- 借助于"直播+电商"模式，通过明星、网红能够为商家积攒人气，营造团购氛围，提升消费者的决策效率，提升商品的变现率，进而促使商家盈利。

从目前的形势看，"直播＋电商"创新了电商的营销模式，为电商的发展提供了一个新的思路，为直播变现提供了一种新方法。

目前，在"直播＋电商"领域中，淘宝、蘑菇街和聚美优品各占一席之地，淘宝聚划算直播以明星为切入点，聚美优品和蘑菇街的直播则以网红为切入点。

无论策略如何、方法如何，"直播＋电商"的模式已然兴起。

9.3 "直播＋电商"的主要商业营销模式

现阶段下电商平台与直播相结合的类型有如下三种：

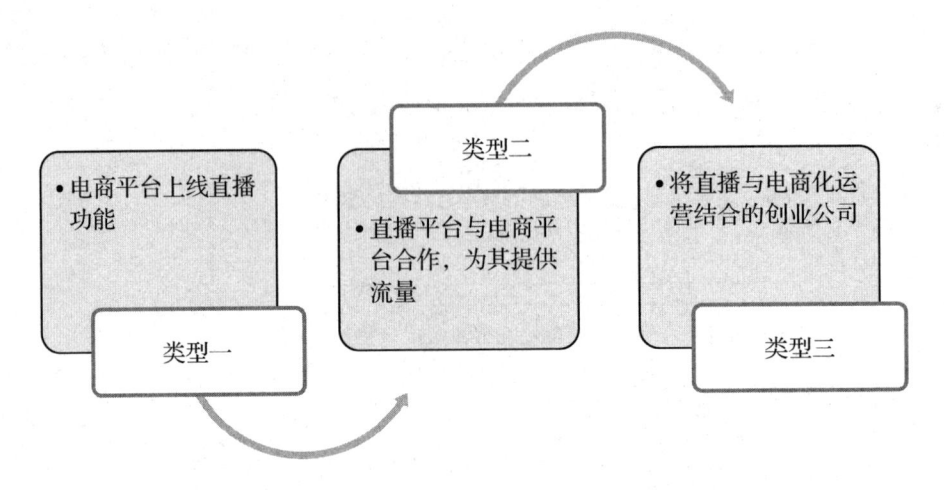

- 电商平台上线直播功能 【类型一】

- 直播平台与电商平台合作，为其提供流量 【类型二】

- 将直播与电商化运营结合的创业公司 【类型三】

这三种类型都有自己的独特性，不过相比较而言，第三种类型的竞争优势要更加突出，随着该模式的成熟，会有越来越多的企业加入，并出现实力型平台。

◎ 9.3.1 电商平台上线直播功能

典型案例是淘宝直播、天猫直播。天猫上线直播功能后，该平台上的美宝莲店铺在 2015 年"双十一"期间，出售的口红商品总体规模达 9 万支，此次直播以网红为主；当红明星 Angelababy 于 2016 年 4 月在天猫进行了直播，美宝莲仅用 2 小时就售出 1 万支口红，这是明星为参与主体的直播活动。

杜蕾斯于 2016 年 4 月 26 日开启直播，观众数量达数十万，三个小时的直播结束后，杜蕾斯的流量规模增长了 1/5，此为品牌策划并执行的直播。

无论是哪种直播形式，都能在短时间为商家带来大规模流量，促使其推出爆款产品。

在这里要明确一点，上述直播形式如果是应用于淘宝之外的电商平台，也不会因为平台实力有限而降低其影响力。原因在于，这类直播的运营是以明星或品牌为核心的，当越来越多的电商平台上线直播功能后，它们会针对高质量直播内容展开激烈比拼，类似于现在很多电商平台联手明星进行产品推广，或与品牌商进行合作。

从电商平台发展的角度来说，与直播形式的结合不会从根本上颠覆其运营模式，因为平台运营的商品不会改变，推出直播功能的目的是吸引用户进店，与传统广告之间没有太大区别。即便上线直播功能，多数电商平台也不会改革原有的商品体系。

淘宝直播的内容具有多元化特征，包括娱乐、美妆、服饰等，不过在现阶段下，手机淘宝中的淘宝直播不是太引人瞩目，用户体验的评价普遍较低。

在这类模式下，用户主要跟随主播走，当主播从一个平台转向另一个平台时，用户也会随之发生迁移，而不会继续停留在该平台。

◎ 9.3.2 直播平台与电商平台合作，为其提供流量

现阶段还未出现这方面的典型案例。不少直播平台认为，直播与电商相结合的模式确实是十分有效的盈利方式，但如今仍有很多直播平台坚持采用传统运营模式。他们对此持保守态度的原因是，向电商化方向发展需要消耗大量成本，很可能最终达不到理想效果。

对观看直播的受众来说，如果主播进行产品营销，很可能引起他们的反感。因此，涉足电商业务后，可能导致直播平台原本积累的用户严重流失，给直播平台的后续发展带来困难。

◎ 9.3.3 将直播与电商化运营结合的创业公司

波罗蜜与小红唇是这方面的典型案例。波罗蜜全球购是一家自营海淘平台,其 APP 于 2015 年 7 月投入运营,采用直播视频的方式与用户进行实时交流,并将其作为自己的特色之一进行重点打造。

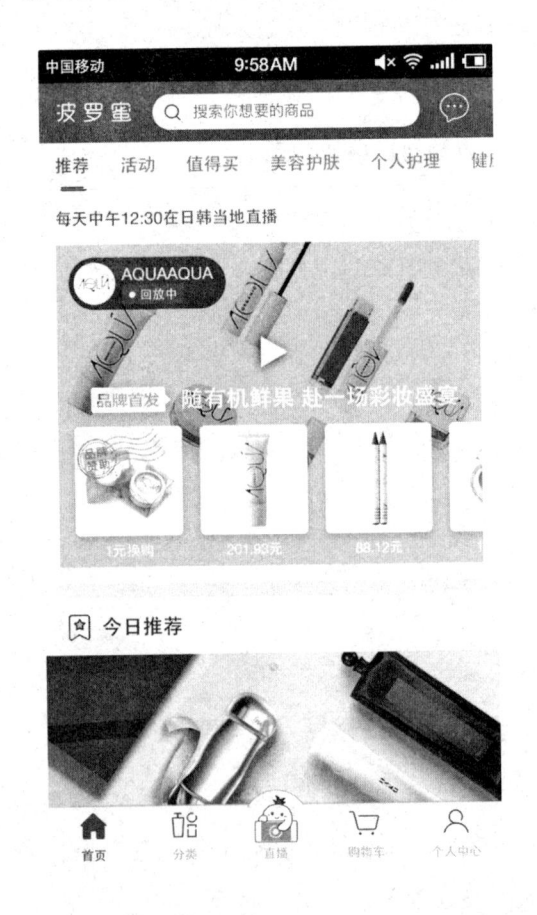

该平台通过 APP 为用户展示海外购物场景,还添加了聊天室功能,提高用户的参与度,使其产生身临其境之感。在产品价格设定方面,波

罗蜜采用当地的"店头价",也就是说采购现场店家的价格即为最终提供给消费者的产品价格。

波罗蜜建立了专业的团队,负责产品采购、供应及存储等各个环节。现如今,波罗蜜已经在韩国和日本开展海淘业务。

波罗蜜已经成功完成多轮融资,雄厚的资金实力,加上商品供应体系的逐渐成熟,该平台的影响力也不断提高。

视频电商平台小红唇定位于90后的年轻女性用户,知名红人及时尚达人就保养、美妆、购物、生活经验等与粉丝观众进行面对面视频交流。为了培养优秀网红,深挖粉丝用户的商业价值,小红唇不断吸引投资,在输出优质内容的同时,提高用户黏度。

此类平台自发展初期就采用电商运营与直播形式相结合的模式,其内容输出是围绕平台运营开展的,网红在直播中推广的商品也在平台经营的品类范围内。其电商平台的发展与直播运营息息相关。

不同于传统电商平台在原有基础上推出直播功能,此类平台在设计开发阶段就是以移动互联网为核心的,与传统电商相比,其起点更高,因而竞争优势也更为明显。

第10章 内容营销：准确无误地站在风口，御风而行

近年来，内容营销成为了营销界的香饽饽。有研究表明，91%的B2B营销商和86%的B2C营销商都在使用内容营销，营销商平均在内容营销上花费25%及以上的预算，78%的首席营销官（CMO）认为内容营销是未来的发展趋向。

业界普遍认为，Web2.0时代的特点更能彰显"内容为王"的重要性，内容营销将在营销中扮演越来越重要的角色，甚至会成为企业营销的制胜法宝。

内容电商时代已经到来。

10.1 一种更关注内容质量的营销方式

对于企业来说，品牌的营销推广无异于一场旷日持久的战争，需要面对的不仅仅是来自其他品牌的激烈竞争，还有注意力分散、对一切浅尝辄止并且日益挑剔的受众。

在这场战役中，越来越多的企业选择以内容产品为兵刃，通过娱乐化的传播方式攻破受众的心理防线，拉近距离，营造独特而专属的品牌体验。

◎ 10.1.1 什么是内容营销

内容营销是一种通过生产对目标用户有价值的免费内容，以此来实现商业转化的营销过程。内容营销的最终目的仍然是促进销售。不过它的做法不是像广告那样，内容营销并不追求短期或立即性的、不理性的、直接的行为改变，而是理性的、倾向长期的内容教育。

- 内容营销
  理性的、倾向长期的内容教育

- 传统广告
  短期的、不理性的、直接的行为改变

它的具体做法是通过合理的内容创建、发布及传播，向用户传递有价值的信息。这些信息所依附的载体，可以是企业的LOGO、画册、网站，甚至是纸杯、手提袋等。载体不同，传递的介质也就不同，但是内容的核心必须是一致的。

内容营销简单来说，就是被营销的内容本身和内容营销的结合体，即内容的价值传递，最终引发顾客行为。

那么，内容营销的思想是如何产生的呢？这跟信息技术的快速发展有密切的关系。信息技术革命后，消费者开始逐渐拥有信息的自主选择权，不再被媒介劫持。

因此，创造主动的内容，吸引消费者关注，在消费者发生决策、进行搜寻时给消费者以有效干预，对促进销售非常有效。

◎ 10.1.2 内容营销的主要特点

传统的营销方式更多是通过打断用户的思考、视觉、听觉来硬性传递产品信息。而内容营销是通过给予客户答案来向消费者传递信息。

比如你在收看电视连续剧时，忽然跳出某品牌产品打折的广告，或者在阅读经济新闻时，弹出了游戏的广告，这些都属于打断用户思考的方式。

而内容营销不同，它既不依靠绚烂的视觉冲击，也不凭借无边无际的折扣吸引关注，而是完全凭借优秀的、有价值的信息来驱动消费者的购买，这样其实可以更好地保留客户，提高品牌忠诚度。

内容营销不需要做广告或者做推销就能使客户获得信息、了解信息并促进信息交流，它是创造和分享有价值的、免费的内容来吸引受众、

提升转化率。

它与广告文案有明显的不同。广告文案是让受众采取特定的行动，可能是做出购物决策，也可能是订阅你的邮件列表，或者是向你索取更多的信息。

传统营销方式与内容营销对用户决策行为产生的影响是不同的。用户决策行为一般分为以下几个阶段：注意、兴趣、搜索、行动、分享。

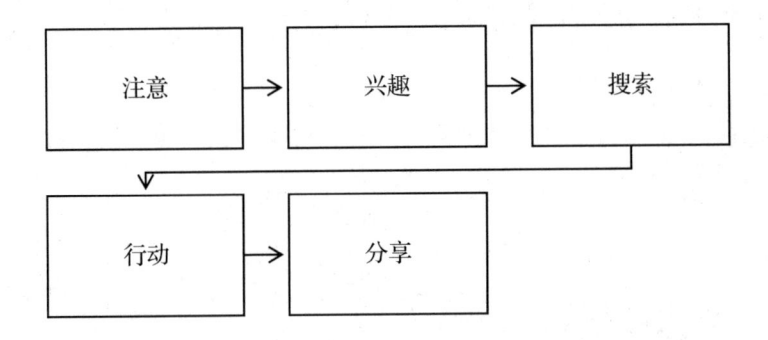

```
注意 → 兴趣 → 搜索
              ↓
行动 → 分享
```

传统营销模式下，用户通常只有在亲自体验过产品之后，才会产生分享行为，且分享的内容一般以产品体验为主。

但是内容营销模式下，用户分享可能发生在用户决策的任何一个阶段。只要内容有价值，引起了用户的兴趣，即使最终没有购买产品，用户也会很乐意分享产品的相关内容。由此可见，内容营销能更好地利用社交媒体的传播优势，扩大品牌和产品的影响。

为什么会有这种差异呢？因为传统营销把用户作为"消费者"来对待，而内容营销只把用户作为一个普通的人来对待。这种差别对待会产生以下完全不同的两种效果：

（1）企业把用户仅仅作为"消费者"对待，这种情况只会关注他的

"消费需求",即只能看到和产品直接相关的部分。

(2)企业将用户作为普通的个人来对待,这种情况会关注到他的所有需求。

内容营销要求企业能生产和利用内外部价值内容,吸引特定受众主动关注企业的产品或服务。重中之重,是"特定人群的主动关注",也就是说内容营销中的内容是否自带吸引力,让消费者来找你,而不是运用纯媒介曝光。

在内容营销中,企业在媒介曝光上省大钱,在内容质量上下大功夫。相反,所谓传统营销的思想是"Mass Communication",即大众传播,它以品牌和消费者进行大规模的单项沟通为代表,关注点是如何找到消费者。

具体说来,内容营销具有以下几个特点:

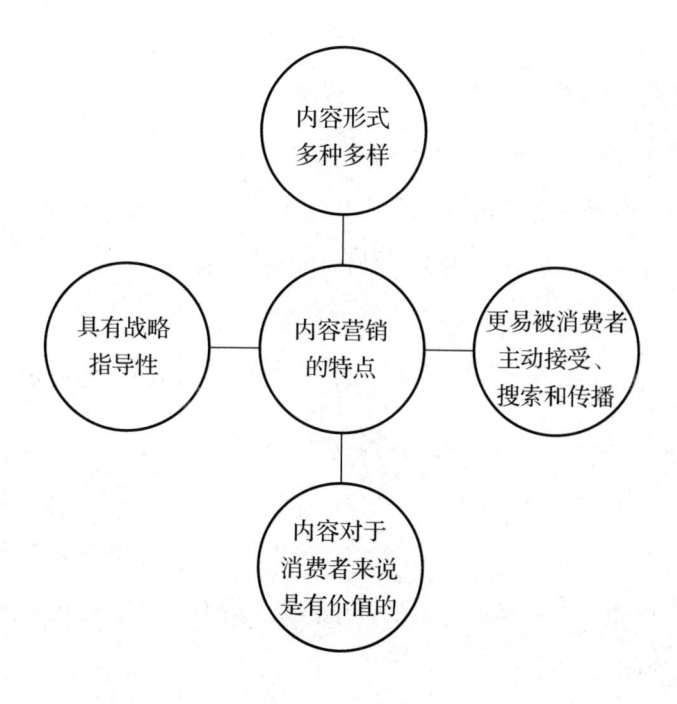

- 内容形式多种多样
- 具有战略指导性
- 内容营销的特点
- 更易被消费者主动接受、搜索和传播
- 内容对于消费者来说是有价值的

1. 内容形式多种多样

企业自主创造的任何形式的体现品牌信息的作品都可以称为"内容",即内容是信息本身,且有不同的表现形式和载体。具体而言,内容既包括企业在自有媒体上发布的视频、博客、白皮书、电子书等有市场推广作用的网页组成元素,又包括企业在自有媒体之外发布或形成的内容。内容营销一般依赖品牌自媒体进行,而不是传统主流媒体。

2. 内容对于消费者来说是有价值的

这些有价值的信息可能是高质量、有教育意义、对购买决策有帮助的信息,也可能是有娱乐性的吸引眼球的信息。

3. 更易被消费者主动接受、搜索和传播

内容营销是一种拉式策略,它通过给予消费者答案来向消费者提供信息,从而降低消费者的厌恶感,使有趣的、有价值的信息更易被消费者主动接受、搜索和传播。它明显区别于广告的推式策略,即通过打断消费者思考或感官体验来硬性传递信息。

4. 内容营销具有战略指导性

可以说,内容营销不仅是一种传播策略,更是一种战略指导。内容营销涉及"企业——内容——消费者"之间的良性循环。在内容营销语境下,企业的品牌建立和管理方式开始从以往理性的心理认知资源占领转向更加感性的情感唤起甚至文化共鸣。

内容营销可帮助企业达到"思想领袖"的角色,扎实地提高用户的品牌忠诚度。互联网时代,消费者的资讯来源愈来愈多样化,消费者有能力从各种渠道获取尽可能多的资讯信息,货比三家。这更显示出内容营销的重要性。

第10章
内容营销：准确无误地站在风口，御风而行

10.2 开展内容营销的三大要点

内容营销中内容是关键。满足客户的信息需求是内容营销的表现形式。内容营销是要通过你输出的内容将别人吸引过来。没有好的优质的内容输出，不能满足用户的信息需求，就不会有好的关注度，更不要说向销售的转化了。

这就要求我们提供的内容不能是空洞的、雷同的低劣信息，而应是有价值的优质信息，这些信息要对相关目标群体以有益的指导。

另外，内容营销选择的发布平台也很重要。不同的平台适合发布不同的内容。有时虽然内容本身是优质的，但是平台没有选择对，效果往往也不好。

◎ 10.2.1 内容营销重点在于内容策划

内容的表现形式可以是多种多样的。可以是软文、社交媒体、新闻稿、音频、播客、博客、白皮书、音乐、动画、图片、信息图、在线教学或电视广播、幻灯片、视频、研讨会、APP、游戏等。

常常让策划者感到头疼的是，如何源源不断地创造出高品质的内容？"高品质"不仅要求内容要有原创性，更在意内容的新鲜感、吸引度和切入点，这就要考验内容策划人员的综合能力了。那么内容营销中的内容策划又有哪些门道呢？

1.7 种内容策略

内容策略有很多：热点性内容、时效性内容、即时性内容、持续性内容、方案性内容、实战性内容、促销性内容等。每一种内容策略指导下的内容选取都是不同的。

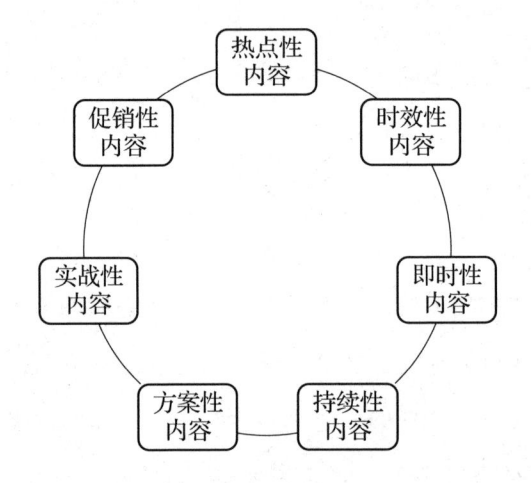

（1）热点性内容即某段时间内搜索量迅速提高，人气关注度节节攀升的内容。

（2）时效性内容是指在特定的某段时间内具有最高价值的内容。

（3）即时性内容是指内容能充分展现当下所发生的物和事。

（4）持续性内容是指内容含金量不受时间变化而变化，无论在哪个时间段内容都不受时效性限制。

（5）方案性内容即具有一定逻辑、符合营销策略的方案内容。

（6）实战性内容是指通过不断实践在实战过程中积累的丰富经验而产生的内容。

（7）促销性内容即在特定时间内进行促销活动产生的营销内容。促销性内容价值往往体现在提高企业更加快速促销产品，提升企业形象上。

2. 根据用户购买路径制定具体的内容策略

营销者需要根据用户购买路径制定具体的内容策略，"用户购买路径"包括用户认知、用户评估和达成购买这三个阶段。

（1）用户认知。用户在这个阶段会搜索一些问题的答案、资源、干货、数据、别人的意见和观点等。

（2）用户评估。用户在这个阶段往往对产品或服务进行深入搜索，并判断该产品或服务是否满足自己的需要。

（3）达成购买。这是漏斗的底部，用户往往会了解清楚购买的代价，最后完成购买。

3. 内容输出的总体步骤

究竟应该如何制作要输出的内容呢？

对于营销者来说，首先要做的是定位产品和用户。只有产品和用户定位清楚之后，我们才能有的放矢地进行对应的优质内容的输出。定位产品和用户主要包括两个部分：确定产品调性；明确目标用户。

（1）确定产品调性是为了给内容制定一个度量衡。即什么样的内容可以写，什么样的内容风格不搭。

（2）明确目标用户则是为了保证产品处于PMF（产品—市场匹配）的状态，有需求有市场，产品才能卖出去。

具体步骤如下图所示：

分析用户，构建画像 ➡ 分析用户痛点 ➡ 根据痛点，制定方案

①分析目标用户，构建用户画像；

②分析用户痛点问题，这个可以通过用户调研或访谈实现；

③根据用户痛点问题的前三位，制定有针对性的解决方案。

对于营销来说，分析用户是最为重要的工作之一。实际上，内容营销需要我们充分了解用户的需求，才能够很好地实施。在了解客户需求的基础上，将文字变得生动，且内容与人们息息相关，最终被客户接受，以创造更好的利润。

至于内容策划，还有一些实用性的技巧。比如，通过关键词搜索找到与网站主题相关的视频和精致微博文章，加以理解、分析并创作；将国外网站的行业相关文章拿来翻译，要注意语言的通顺和生动性；利用内容分享平台、问答平台、社区平台的现成内容合成一篇新文章；和企业各个部门的同事深入沟通，了解产品技术的要点，并整理写成文章；将听到的创业故事、客户案例、行业观点和客户答疑等记录下来，汇写成文章；通过行业书籍、行业动态和最新新闻，融入自己的思考写成文章。

要想达成有效的内容营销，在运用这些技巧的时候要注意下面两点：

（1）用客户熟悉的语言来描述内容，因为专业术语会把客户挡在门外；

（2）表达方式要有创意，内容要有趣味性和创意感，能够与用户互动，这样才会让我们和用户更亲密。

◎ 10.2.2 内容营销平台的选择

做内容营销，平台的选择非常重要，不同的平台适合发布不同的内容。

内容营销平台大体分为：传统媒体（报刊、户外、通信、广播、电视）；自媒体（博客、微博、微信，百度官方贴吧、论坛/BBS 等网络社区）。

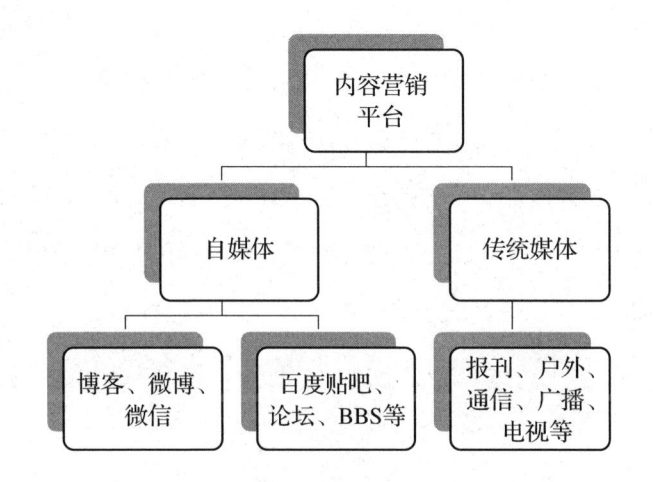

```
                内容营销
                  平台
            ┌───────┴───────┐
          自媒体           传统媒体
       ┌────┴────┐      报刊、户外、
    博客、微博、 百度贴吧、 通信、广播、
      微信     论坛、BBS等  电视等
```

微信、QQ、微博、移动互联网门户网站、企业移动端 APP 是经常被用到的平台。

（1）微信。包括：微信个人平台；微信朋友圈；微信公众平台。

（2）微博。微博操作简单，信息发布便捷。一条微博，只需简单的构思，就可以完成一条信息的发布；互动性强，能与粉丝即时沟通，及时获得用户反馈；低成本。

（3）移动互联网门户网站。很多企业都想把自己的内容营销平台选择在搜狐、新浪、网易等门户网站上，这些网站的访问量确实巨大，一旦能够成功，效果自然显著。但是企业如果与之没有经常性的合作的话，操作的难度和费用会很高。

（4）企业客户端 APP。对于一般企业来说，APP 造价成本高，推广起来难度也比较大。

企业也可在其他第三方 APP 平台，例如知乎、豆瓣、果壳等结合活动营销、问答营销来做内容营销，这样就能把多平台的优势结合起来。

在企业电子商务官网上，适合发布的原创内容形式有博客、案例分析、产品手册、白皮书以及产品宣传视频和图片等，主要目的是为了促成品牌形成，展示产品的卖点和企业的核心竞争力。

举个例子，如果是一个食品类电商网站，聚合在上面的人都是非常在意食品品质的，在网页中展示"这些食品你吃对了吗"之类的内容一般会很受欢迎。同理，如果是一个服饰类电商网站，可以在网页中介绍"秋冬季节如何搭配更显瘦"这样的内容。

在网站结构中，除了基本的公司产品、企业宣传内容之外，可以再创建一个行业知识类频道。这样做的好处有如下两个：

（1）让光顾网站的用户在挑选、购买商品的同时，也可收获一些"生活之道"，有利于提升网站的友好度与信任度。

（2）原创内容是搜索引擎的最爱，只要内容够原创、够有价值，将会在搜索引擎中得到非常多的展现。

微博通常是媒体聚集场所，那里经常会爆发些大众所关心的事件，因此借用热门事件和话题并结合产品特性，发布活动内容吸引用户参与是最为常见的内容营销表现形式，能够迅速提升品牌的曝光度，并通过微博简单的转发功就能形成二次传播，而用户自发评论又能为企业创造更多的正面内容。

新闻类软文发布更讲究实效性，而微信的用户精准度够高，其信息推送功能更加方便企业促销活动内容的发布。

值得一提的是，对于不同的平台，内容的写法也会不一样，官网和新闻媒体上的内容专业性更强，而微博内容则需避免陈词滥调、术语和长句，通常配以图片和漫画的形式效果更好。

此外，还要注意的是，内容营销和品牌自媒体战略也是密不可分的。即：

（1）品牌自媒体是内容营销最重要的土壤，内容营销中解决方案的发布、传播，购物场景的搭建、转化，都需要基于品牌自媒体，才能持续有效进行。

（2）内容营销又是打造品牌自媒体的关键。通过持续、稳定地生产高质量的内容，品牌可以具备媒体功能，通过自媒体直接接触目标用户，而不再依赖第三方媒体。

因此，成功构建品牌自媒体，是实施内容营销的重要前提。自媒体的本质仍然是媒体。它要实施内容营销，至少需要达到以下三个要求：

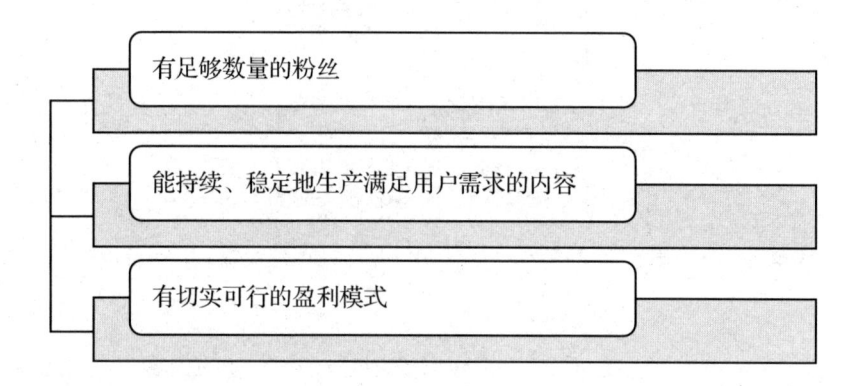

- 有足够数量的粉丝
- 能持续、稳定地生产满足用户需求的内容
- 有切实可行的盈利模式

（1）有足够数量的粉丝。如果不能在一定时间内聚集足够数量的粉丝，如何传播内容？

（2）能持续、稳定地生产满足用户需求的内容。好的内容是媒体良性发展的关键，但持续、稳定地生产满足用户需求的内容并不是一件容易的事。这需要专业的团队来运作，以保障品牌自媒体的稳定。

（3）有切实可行的盈利模式。构建自媒体是为了营销，而营销是为了盈利。无论是直接依赖广告还是间接依赖电商，品牌自媒体一定要有切实可行的盈利模式，否则，品牌自媒体是无法运行下去的。

◎ 10.2.3 统计内容营销的效果并改进

统计内容营销开展后的效果是很重要的。这样做可以帮助我们获得确实的数据，以增强我们对内容营销的效果的直观认识，检查内容营销中的不足，以改进我们的营销工作。

衡量内容营销的指标一般包括以下几项：

```
┌─────────────┐  ┌─────────────┐
│ 网页的独立   │  │ 跳出率/停    │
│ 访问量及访   │  │ 留时间      │
│ 问群体特性   │  │            │
└─────────────┘  └─────────────┘

┌─────────────┐  ┌─────────────┐
│ 评论、转发   │  │ 内容页搜索   │
│ 和分享次数   │  │ 引擎排名和   │
│            │  │ 标题相关搜   │
│            │  │ 索结果数     │
└─────────────┘  └─────────────┘
```

（1）网页的独立访问量，即有多少用户浏览了你的内容；访问群体特性，包括地域分布和年龄结构。

（2）跳出率/停留时间，反映了你的内容是否满足读者的兴趣。

（3）评论、转发和分享次数，这是判断社交网络内容营销效果的基本指标。

（4）内容页搜索引擎排名和标题相关搜索结果数，它们体现了某内容在搜索引擎的具体表现。

只有对内容营销的效果进行统计并分析，才能进一步增强对目标用户群体的购买心理的了解，并及时调整内容营销策略。不同的受众群体的年龄层次、文化背景和喜好不同，他们对于内容的敏感度体现得也不一样。

如果产品是定位于年轻学生一族，那么多运用一点点幽默感和趣味性，例如增加一些互动游戏、小测验和看图猜答案的内容，能够加深用户对产品技术的印象；而针对母婴这类产品，内容上应更注重亲和力和感染性。

10.3 内容电商时代的领跑者

内容电商时代，最重要的一个变化就是消费者的购物行为和购买行为出现了巨大的不同。

在过去大部分情况下，购物和需求基本上是同时发生的，因为有需求才会促使消费者进行网上或者实体店购物。

在内容电商时代，消费者在购买商品的时候发生了变化，不同以往，消费者不是会因为需求而购买或者浏览，而是悠闲地看着美妆达人直播或者自媒体的文章，在这种情况下，有些内容电商的成功营销带动了其他电商进行内容营销的想法。

◎ 10.3.1 内容营销案例介绍

1. 锤子科技

2015年10月，锤子科技的罗永浩发布了"只有18%的人会喜的""文青版"坚果手机。

不得不说，在已是血海的手机市场里，专门为文艺青年量身定做手机，还是有点差异化的。虽然配置没什么好说的，但坚果手机在外壳上做足了文章，背壳颜色分别为远洲鼠、落栗、鸠羽紫等，都是文艺青年喜欢的暗淡色系。

通过对手机外壳的极致表述，彰显了文艺青年最想向外界表现的特质。而"文青版"坚果手机在发布会前的8张悬念海报，做得也比较有社群感，足以体现"物以类聚、人以群分"。

2. 700Bike

700Bike是由原久邦数码创始人张向东联合创办。当这个互联网自行车公司走入公众视线时，通过对其产品、官网、微信、微博等社交媒

体及线上线下活动的研究，我们看到：700Bike不仅是个自行车品牌，更是以自行车连接生活的社群。

用户可以在700Bike的官网或是微信里发现最潮流的自行车资讯、最有趣的自行车故事、别具一格的生活方式等内容。

这些内容营销源于自行车，又不仅限于自行车。它们让用户把购买自行车作为和700Bike互动的一个起点；之后，通过内容的持续性浸染，700Bike已内化为用户的一种生活态度和方式。用户对700Bike产生了长期关注的动力。

700Bike的官网是一个内容、线下活动推广、购买渠道与社区的聚合体。用户能在官网中了解产品的样式、功能并选择购买。最有特色的是，他们还能在官网上看到和自行车相关的故事以及生活方式，也能在社区中分享自己的骑行故事和生活感想。

从早期开始，700Bike微信发布的内容就以酷车、装备、Lifestyle、新鲜事、图集、逛店铺、Bike Girl、推广等主题为划分，成功地把车店、爱车者、资讯、骑行故事和生活方式等内容结合起来。通过形式多样的内容将车与人连接到了一起，并以此打造自行车生活方式，让越来越多的人了解骑行、爱上骑行。

700Bike的内容营销表明：自行车不再只是代步工具，更代表了人们的生活态度。这也影响了更多人不会满足于传统意义上的自行车，而是需要一辆既有故事又能满足各种需要的城市自行车。综观700Bike发布的内容，他们所打造的自行车以及传达的自行车精神，增强了用户的使用体验。这也体现了内容营销的独特价值。

3. 欧莱雅

为了给旗下的美容品牌提供实时的好内容，欧莱雅在内部创建了一

个"内容工厂"，专门就美妆教程、社交媒体上的照片等进行视觉和文本内容的创造。欧莱雅还和YouTube密切合作，创建了和产品相关的干货视频。

据YouTube透露，美容美发教程视频是化妆品类别中的最高搜索项。比如，"内容工厂"为欧莱雅旗下的护肤品牌Shu Uemura（植村秀）制作了八个"How To"的干货视频。其中，《如何塑造你的眉毛》这个视频反响尤为强烈，在没有任何付费媒体报道的情况下，积累了近万的浏览量。

在卡诗的电商网站上，也有些许变化。几年前，该品牌只是对新产品的推出做简单描述。但是，现在卡诗开启了热门护发问题咨询，消费者可以在特定的页面上得到不同问题的针对性解答。针对每一个问题，都有八个小提示。此举很好地增加了用户体验。

4. 杜蕾斯

2015年3月白色情人节前夕，杜蕾斯在Bilibili网站上创建了视频直播间，直播AIR避孕套发售。

Bilibili网站是国内一个和动漫、游戏相关的弹幕视频分享网站，简称B站，最大的特点是弹幕。其内容侧重于二次元文化，用户年龄主要在17～31岁之间，他们对该网站的使用时间很长，对自创内容的参与度和互动率极高。

杜蕾斯AIR避孕套的整场直播，情节极其单调，场景是一台标有杜蕾斯AIR标志的售货机，以及一对一直站着等待产品发售的情侣，只不过男主角是在微博上以搞怪出名的老外@Mike隋。在三个小时的直播进入尾声时，两人终于买到售货机里的产品，随即离开。

但是，这场无聊的直播却让百万网友趋之若鹜，不少网友都发弹幕表示：我就是来看弹幕的。B站给网友提供了一个自由发挥的平台，让用户带动彼此的参与欲望。弹幕即内容，只有用户最终创造的弹幕和视频结合时，才算是真正意义上完成了该广告片。

◎ 10.3.2 电商开展内容营销的一些启示

正是因为内容营销是通过印刷品、数字、音视频或活动提供目标市场所需要信息的这一特点，所以，内容营销正是当下的一个趋势、一个潮流。

电商在开展内容营销时应该注意下图中的几点启示：

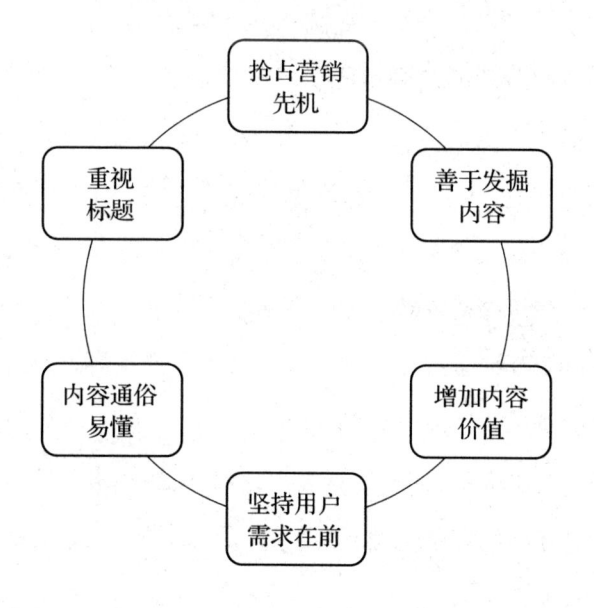

- 抢占营销先机
- 善于发掘内容
- 增加内容价值
- 坚持用户需求在前
- 内容通俗易懂
- 重视标题

1. 抢占营销先机

没有一个恰当的时间，就做不好内容发布；没有一个专注的速度，则占不了营销先机；没有一个合理的安排，就达不成工作收益。因此，研究媒体活动规律，找到社交媒体或平台的曝光率较高的时段，然后在

这个时段做出合理的工作时间安排和相关计划，利用碎片化时间点发布相关内容，从而进一步提高内容的打开率、关注率、分享率和转载率。

2. 善于发掘内容

内容营销并不是一个部门的事，它最好全员参与、分工合作。调动众人的积极性和参与度，比只靠一个人埋头苦干要好很多。我们可以先确定一些值得信任的信息源，平时再利用闲暇时间多进行内容发掘、收集和整理，同时加强自身技能建设，将内容以用户习惯的方式表达出来，使之更加接地气，并具有自己的特色和优势等。这种方式的内容制作往往是成功的。

3. 增加内容价值

众所周知，营销的关键就在于让用户认同，而认同的前提就是信任。从某种意义上讲，用户买的就是信心价值，信心更容易打动用户。所以，我们除了不断提高内容的价值性和实用性以外，还必须给内容增加信心分。

另外，分类和标签也是增加内容附加值的重要方法。分类有助于管理和认知，标签有助于搜索和被发现。发布内容概要，或者收集整理相关评论，对于提高内容价值也大有裨益。

要知道，用户决定买或不买我们的产品主要取决于广告内容，而非它的形式。最好的创意都是源于生活和兴趣，努力让我们的内容变得更有趣才是硬道理。

4. 坚持用户需求在前

开展内容营销，最忌讳的就是把盈利放在用户需求的前面。如果你的内容不为用户考虑，不符合用户的审美观和认知观，而一厢情愿地进行消费引导和概念创新，那么只会引起用户的反感，或者让用户无所适从。因此，内容营销必须坚持用户至上，为用户提供超预期的价值和服务，才能赢得用户的认可，企业也才有营销创收的可能。

5. 内容通俗易懂

广告大师大卫·奥格威曾说过："我不清楚语法的规则……我只知道，如果你想要说服你的听众做某件事情、买某样东西，你必须要使用他们的语言和他们的思考方式。"我们应该尽可能运用通俗易懂的文字来进行内容表达，以便更容易让受众理解和认可。

6. 重视标题

有调查显示，阅读标题的人数是阅读正文的 5 倍。如果你的标题没有吸引到受众的目光，那么你就浪费了 80% 的广告营销资源。所以，内容营销的标题一定要在让内容保持极高相关度的情况下，设置得更为吸引眼球、更能引发思考才行。

在移动互联网浪潮的冲击下，传统的网络营销正在逐渐被更为精简、更为生动的内容营销所取代，电商营销的内容也将以一种更接地气、更为便捷的方式传播给每一位受众。

事实上，内容营销既没有我们想象的那么复杂，也没有我们想象的那么简单。我们只有正确对待，找出规律并作出合理安排，同时勤于创新和利用相关资源，多与客户互动，这样我们的付出才会有所回报。